戦争と日本アニメ——『桃太郎 海の神兵』とは何だったのか

目次

装丁――斉藤よしのぶ

序章　なぜ、いま、『桃太郎 海の神兵』を再考するのか

佐野明子／堀 ひかり

『鬼滅の刃』（原作：吾峠呼世晴、〔ジャンプコミックス〕、集英社、二〇一六―二〇年）がテレビアニメ放映と劇場版公開を契機に、空前のブームになっている。『劇場版「鬼滅の刃」無限列車編』（監督：外崎春雄、二〇二〇年）の興行収入は四百億円を超えて日本記録を更新し、アメリカで公開された外国語映画のオープニング興行成績でも歴代一位になった。アジア・太平洋戦争（一九四一―四五年）[1]末期に完成した『桃太郎 海の神兵』（監督：瀬尾光世、一九四五年、以下、『海の神兵』[2]と表記）を取り上げる本書が『鬼滅の刃』から語り始めるのは、いささか奇妙にみえるかもしれない。しかし、少なくとも日本で『鬼滅の刃』が示すのは、日本の戦後アニメーションの歴史ひいては戦後大衆文化の創造性の核心にアジア・太平洋戦争の表象が抜き難く織り込まれていることである。比較的最近にも『風立ちぬ』（監督：宮崎駿、二〇一三年）や『永遠の0』（監督：山崎貴、二〇一三年）などの直截的に戦争を扱った例がある。もちろん、さらにさかのぼってテレビアニメのシリーズ『鉄腕アトム』（フジテレビ系、一九六三―六六年）や『宇宙戦艦ヤマト』（読売テレビ系、一九七四―七五年）、『新世紀エヴァンゲリオン』（テレビ東京ほか、一九九五―九六年）のような、現在もテレビシリーズや劇場版が生み出されているロングラン作品にも、原爆（原子爆弾）や連合艦隊、特攻（特別攻撃）のイメージが散見され、アジア・太平洋戦争は日本発のナラテ

ィブで反復されてきたモチーフだといえる。

『鬼滅の刃』は大正時代、人喰い鬼を人々が倒して平和を取り戻すという物語だが、水島久光は、『鬼滅の刃』のユートピアが、昭和前期の戦争を丸ごと抜いてしまうことで成立すると指摘した。(3) つまり、原作漫画のラストでは、鬼と戦った人々の子孫や生まれ変わった人々が現在も幸せに過ごすさまを描いているが、そのために大正時代の人々が身命を賭して鬼と戦ったことに対する価値の大きさが強調されている。また、テレビアニメと劇場版は原作漫画の序盤にあたるが、大正時代が舞台に選ばれたこと自体、観客が戦争に突入する昭和時代を想起しないですむ設定になっている。大正時代は、「大正デモクラシー」や「大正モダニズム」など、大衆の社会・文化活動が花開くユートピアが実現された時期とされ、現在の私たちの想像上のユートピアに接続されやすい側面もある。藤津亮太は、テレビアニメ『機動戦士ガンダム』(名古屋テレビほか、一九七九―八〇年)がアジア・太平洋戦争を想起させる要素を排除することで、日本の人々にとって「良心の痛まない戦争ごっこ」になりえたことが支持を得た一因になったと見なしているが、(4)『鬼滅の刃』にも『ガンダム』のような観客の「良心が痛まない」設定が看取されるのである。

しかし、『鬼滅の刃』ではアジア・太平洋戦争が捨象される一方、実は、アジア・太平洋戦争を想起させるモチーフがやはり登場することについて留意しておきたい。原作漫画のラストで特筆したいのは、身命を賭して鬼と戦った人々の表象である。原作漫画単行本の最終巻になる第二十三巻の最後の描き下ろし部分では、「生まれてくることができて幸福でした」と、鬼と戦った人々が深手を負ったり命を落としたりしながらもみんなを守れたことを喜ぶモノローグがつづられ、亡くなった人々の姿に藤の花が散りゆくさまを重ねながら、「精一杯生きてください　最愛の仲間たちよ」と締めくくって物語が完結する。これは、アジア・太平洋戦争末期の特攻隊(特別攻撃隊)の「桜の美学」、すなわち特攻隊の若者たちが祖国の再生を信じて桜のように潔く散っていった「散る美学であるとともに再生の美学」と通底している。(5) 桜と藤という花の種類の違いはあるものの、特攻隊の知識をもつ読者には、「散る花」に特攻隊のイメージを重ね合わせて涙を誘うように構成されているのである。

ウェブ上でも鬼と戦うすべての人々や、劇場版の主要人物である煉獄杏寿郎の自己犠牲に対して特攻隊の姿を重ねる意見が散見されるが、原作漫画のラストでは明らかに、散る花に特攻隊の視覚的なイメージが継承されている。このように『鬼滅の刃』は、実は戦争の表象と無縁ではない。くしくも、『鬼滅の刃』も『海の神兵』も、両方ともが鬼退治の話である。

むろん、本書が取り上げる『海の神兵』は、アジア・太平洋戦争と直結した作品であり、日本の一定の人々の「良心の痛む戦争」を描いている。『海の神兵』を仔細に検討することは、一見「良心の痛む戦争」から距離を保ってきたはずの現代の日本アニメーションにおいて、実際には後続のクリエイターたちも戦争をモチーフにした様々な作品を生み出し続け、そのどれもがいまなお多くの人々の心を捉え続けてきた一因を、歴史、映像テクスト、そして物語構造から明らかにすることにつながるだろう。

1　日本初の長篇アニメーションにして国策映画

『海の神兵』は、戦時下の日本で公開された日本初の長篇アニメーションである。一九四二年一月のインドネシアのスラウェシ島（当時のセレベス島）での海軍落下傘部隊による奇襲作戦を主題とし、瀬尾光世の演出作品とされているが、「日本アニメーションの父」と称される政岡憲三も参加。四三年九月頃から松竹で製作が開始され、四四年十二月に完成した。同年秋のレイテ沖海戦で海軍は事実上壊滅し、体当たり、斬り込みという「特別攻撃」行為以外に、日本軍はアメリカ軍に対峙するすべをもたなくなっていた時期である。映画は四五年四月十二日に公開されたが、当時、この映画を観た観客は、本書のいくつかの章で述べるようにきわめて少なかった。その後、『海の神兵』は戦災で焼失したものと考えられたが、八二年に松竹の倉庫から発見された。

この発見以来、『海の神兵』は戦争という状況下での国策アニメーション、そして日本初の長篇アニメーション作品として、日本内外のアニメーション研究・批評で最も言及されることが多い作品の一つになった。しかし、存在がこれほど知られているにもかかわらず、少数の例外を除いて、本作は十分な分析と歴史的コンテクスト化の対象として研究されてこなかった。

本書の狙いは、「プロパガンダはテクスト分析に値しない（なぜならプロパガンダだから）」とする価値判断、「優れた創作行為はプロパガンダ性を問われるべきではない」という歴史性を排除した審美的なテクスト論、アニメーション作品と産業を相対化・歴史化する試みの希薄さ、といったいくつかの要因から研究の空白地帯に置かれてきた『海の神兵』を議論の俎上に載せることにある。本作は一九四五年以前と以後の日本のアニメーションの歴史をどう分かち、あるいは接合するのか。映像的特異性は何か。国内外のほかのメディア、テクストとどのような関係を切り結ぶのか。国民的で（ナショナルな）、特異性があるという側面が前景化されてきたテクストを、「関係性」でどのように理解すべきか。こうした問いに答える試みが本書である。

2　方法論——映像テクスト分析と映画学

本書では映像テクスト分析を扱う論考が大半を占めている。映像テクスト分析というアプローチは、主に映画学で研究成果が蓄積されてきたため、まずは映画学の流れを概観したい。

映画研究は一九一〇年代からヨーロッパで本格的に展開され始め、なかでも「映画学」を提唱したジルベール・コアン＝セアは四七年から「国際映画雑誌」を刊行、パリ大学に映画学研究所を設置し、映画の学問的研究を先導した。美学、心理学、哲学、文学、言語学、記号学などの視座から映画が論じられ、五一年には映画批評誌「カイエ・デュ・シネマ」が創刊されてアンドレ・バザンがヌーヴェル・ヴァーグの作家たちの精神的支柱ともなった。六八年のフランスの五月革命を契機に、現代社会の支配的イデオロギーに対する異議申し立ての潮流が生起するなか、映画学でも精神分析学や唯物史観を援用し、映画の表象作用や歴史を再検討することで学問の権威的な知の脱構築が推進された⑹。

一九七〇年代頃からは北アメリカで研究・評論・著作いずれでも活況がみられ、ジャンル論や初期映画研究、フェミニズムやポストコロニアリズムなどの支配的イデオロギーへの対抗を目指す多角的な方法論の導入、計量分析やデジタル・ヒューマニティーズへの展開がもたらされた。なかでもデイヴィッド・ボードウェルらは、ハリウッド古典期の膨大な作品群を対象に、映画製作に関わるシステムや技術の詳細を捉えながら、古典的ハリウッド映画のスタイルを明らかにした『古典的ハリウッド映画――一九六〇年までの映画形式と生産様式』⑺で知られていて、英語圏の大学の映画学のコースで教科書として普及している『フィルム・アート――映画芸術入門』⑻も編纂した。

こうした映画の形式や美学に着目する研究で、映像テクスト以外のコンテクスト（社会的な文脈や実践）に対する目配りも欠かされなかったことについては留意したい。近年の映画学では映像テクスト分析が主流ではなくなり、メディア論としての理論研究や、映像テクストに言及しない観客論や産業論もみられる。しかしながら、木下千花が指摘するように、映像テクスト分析は決して時代遅れの無用なものではなく、映像を社会的実践や産業として捉える研究とともに必要であり、双方が両輪になって映画学そして映像研究全般をさらに展開させていくといえるだろう⑼。

3　アニメーション研究での本書の意義

アニメーション専門の学術学会は一九八七年にアメリカで設立されたアニメーション学会（Society for Animation Studies）を嚆矢とし、日本では九八年に日本アニメーション学会が設立され、長らく学術研究の対象として認められてこなかったアニメーションの研究が推進されていく重要な契機になった。[10]

多岐にわたる分野から注目を集めた主要な研究に、スーザン・J・ネイピア『現代日本のアニメ』、およびトーマス・ラマール『アニメ・マシーン』[11]がある。ネイピアは文学や文化研究、ラマールはメディア論や映画学、哲学を参照して近年の日本アニメーションの映像テクストを仔細に分析した。また、日本で映画学の方法論を導入した研究には、加藤幹郎編『アニメーションの映画学』[12]がある。須川亜紀子『少女と魔法』[13]は、テレビアニメの少女の表象と観客の相互作用について、カルチュラル・スタディーズの枠組みで論じた。こうした研究成果を踏まえ、アニメーションの映像テクストに対して多角的な視点から分析する研究が継続的に取り組まれてきているものの、映画学の蓄積にはいまだ及ばない。

一方、アニメーション研究でも、映像テクストから離れた観客論や産業論が重視され始めている。メディアミックス展開を包括的に捉える視座を示したマーク・スタインバーグの『なぜ日本は〈メディアミックスする国〉なのか』[14]を筆頭に、二・五次元文化、声優、ファン、ツーリズム、玩具・グッズ、音響、主題歌、ゲーム、映画祭、アーカイブ、中間素材など、研究対象は多様化の一途をたどっている。しかしながら、このような研究実践とともに、映像テクスト分析も依然として価値を有することは言をまたない。また、先に挙げた主要な研究が現代の日本のアニメーションを主な対象としているように、研究の関心は現代日本の作品群に寄せられる傾向にあるが、近代や海外の作品群、海外と日本の相互交流、国際共同製作の動向などを踏まえる視点も看過されるべきではなく、そうした問題意識を本書の執筆陣は共有している。

アジア・太平洋戦争を包摂する第二次世界大戦期の日本アニメーションに関しては、セバスチャン・ロファ『アニメとプロパガンダ』[15]で部分的に言及しているが、十分に論じられてきたとは言い難い。一方、満州事変（一九三一年）以降の戦時期の日本映画全般に関する研究は、比較的多くの蓄積があり、[16]こうした戦時期の日本映画研究でも、日本のアニメーションが取り上げられることもあるが、紙幅が限られている。

本書は、戦時期の日本のアニメーションに焦点を絞り、東アジアを中心とする国際的な視野から、アジア・太平洋戦争と日本アニメーションの関わりを仔細に検証する初の論集になっている。[17]

4 『海の神兵』の先行研究について

これまでの英語圏の研究（書き手の国籍は英語圏に限定されない）で、『海の神兵』は一貫して日本の帝国主義、植民地主義のむきだしのプロパガンダ映画として広く紹介されてきた。[18] このなかで、ジョン・ダワーが一九三〇年代以降の桃太郎を主題とした数本のアニメーションから本作までをたどったものが、桃太郎のアニメーション作品群についての先駆的な論考である。[19] ダワーは、桃太郎が敵である鬼を倒して富を手に入れる「桃太郎パラダイム」が帝国主義戦争の言説に合致していることを論じた。この論考のあと、『海の神兵』は多くの著作でプロパガンダとして言及されたが、二〇一七年のジョナサン・クレメンツの著作[20]まで各論として論じられることはなかった。

一方で、日本での評価はどうか。戦後日本のまんが、アニメを牽引した手塚治虫や、『宇宙戦艦ヤマト』の世界観の設定を担当したSF作家の豊田有恒といった著名人らが、リアルタイムで観た重要作品として名指していることも含め、『海の神兵』の存在については広く知られてきた。プリントがまだ行方不明の状態だった一九七〇年代から八二年に発見された時期にかけて、初の通史であり、作品情報を可能なかぎり網羅した『日本アニメーション映画史』、手塚と瀬尾を交えた座談会の記録、瀬尾に対しての聞き書きといった貴重な資料も出版された。[21] しかし、本作のテクスト分析に深く立ち入った最初の論考は木村智哉のもので、さらに現代日本のポピュラーカルチャーの源流としての歴史的コンテクスト化の試みは、大塚英志の論考をまつことになる。[22] 特に、大塚は日本政府が官民一体で盛り上げる「クールジャパン」という惹句とともに語られる「日本のまんが・アニメ」の非歴史的かつ実態がない言説に批判的に対峙し、三一年から四五年にかけての「十五年戦争」期に現代日本アニメーションの源流を見いだした点が白眉である。大塚の議論はアニメーションの作品分析の視点を多様化し、研究の可能性を広げたのである。まんがとアニメという異なるメディアの結節点についての歴史記述、作品を精緻に読み込むテクスト分析、日本とグローバルな文化生産の交錯点を同定するといった大塚の手法は近年の研究の拡大を牽引した。(23)

さて、以上が先行研究の概略だが、三つの留意点を追記したい。

第一は、研究史・批評史で、『海の神兵』には「実は」平和主義が込められているという言説が日本国内で形成されてきたことである。(24)叙情的、平和な場面を素晴らしい映像技術で表現した作品であるという語りは、ともすれば作品が担った植民地主義的言説を隠蔽する。作品の創造性、進取の気性あふれる実験性はむろん十分に論じられるべきだが、同時に製作自体が海軍の支援を背景として可能になったこと、大東亜共栄圏の思想・皇民化教育を前景化し、人種差別的表現を用いている点も本作の重要な要素として念頭に置かなければならない。

第二は、戦時期と戦後の歴史的連続性という論点である。大塚は一例として『海の神兵』の「人物や背景を別々のレイヤーに描き重ね合わせていく構図」を後年のスタジオジブリの美学やその他の日本アニメにもつながる要素としている。もともと、高畑勲は戦後日本アニメの源流を政岡憲三と見なす発言をしていて、(25)プロパガンダ色が希薄な政岡の作品『くもとちゅうりっぷ』(監督:政岡憲三、一九四三年)がジブリの標榜する平和主義にも合致する体だが、対照的に、大塚はあえてジブリを瀬尾光世に関連づけた。

また、アニメーション製作の歴史的変遷という観点から、雪村まゆみは戦中から戦後への歴史的連続性を論じている。(26)雪村はアニメーション史家ジャンナルベルト・ベンダッツィが東映動画を戦後日本アニメーションの産業化の起点としたことに疑義を呈し、少人数の工房スタイルで排他的におこなわれていたアニメーション製作に対して、『海の神兵』を製作した松竹だけでなく東宝航空教育資料製作所でも大規模・分業化を旨とするスタジオ製作体制が登場したこと、製作者たちが分業体制を経験したと同時に、多数の動画専門家の訓練がおこなわれたことで、ノウハウが「秘伝」ではなく体系的に「教育」として伝達されるようになったことなどを新たなアニメーション産業形態の登場と見なし、またこれらを論拠として、日本の戦後のアニメーション製作の起源を戦時下の一九四〇年代前半としている。

こうしたアニメーション史上の連続性および断絶した部分の概念化については、今後のさらなる多面的な議論がまたれる興味深い点であるがゆえに、本書では戦前から戦後にかけての連続性と不連続性が併存する複線的な歴史把握を目指す姿勢をとっている。

第三の留意点は、二十世紀前半の日本のアニメーション製作の歴史を俯瞰するにあたって、『海の神兵』という一作品で理解できる事象の限界である。本書の目的は、これほど知られているが十全に論じられてこなかった『海の神兵』を再検討することだが、『海の神兵』とその前作『桃太郎の海鷲』（監督：瀬尾光世、一九四三年）が特権的に扱われるべきとは考えていない。アニメーション研究は物語がある作品が中心になりやすいが、「線画」（現在のCG技術の前身にあたる特殊効果）の発達や広告といった側面への視点も重要である。時代区分についても、戦中・戦後に活躍した山本早苗などのアニメーターたちは既に一九二〇年代から製作活動をおこなっていたこと、小規模な工房スタイルでの生産とはいえ広告や教育映画という消費・流通のチャンネルがあったことを考えると、[27]アニメーション産業の萌芽と草創期についてのより踏み込んだ検討が一層の重要性をもつことは明らかである。

5　本書の構成

本書の執筆者たちは、文学、映画学、アニメーション研究、歴史学などの方法論を援用しながら、『海の神兵』を作り手の営為、実践、選択、交渉が結実したテクストであると捉えている。ここでいう作り手とは、実際に製作に携わったアニメーターだけではなく、当該社会の政治、文化的言説・規範の発信者である海軍の関係者や映画評論家、検閲官、あるいは経済活動と政治状況の結節点で収益を確保する映画会社、そして当時の映画の視聴者をも含めている。映画研究者ジュディス・メインは、映画研究のなかでの二項対立的な枠組み（監督とそれ以外のスタッフ、テクストと観客、視線の主体と客体、テクストへの没入と否認など）を自明とするのではなく、対照的にみえる概念の間を行きつ戻りつしながら、自然にみえる構造を分析的に、批判的に読み込むことを論じた[28]が、このメインの議論を念頭に置き、本書は『海の神兵』というテクストを作り上げる複数の参与者（actors）と諸要素（factors）についての分析を試みるものである。

蛇足になるので各章の要旨をここに記すことはしないが、第1章の「『桃太郎の海鷲』の思い出」は、故渡辺泰氏（一九三四―二〇二〇）が本書の刊行にあたって特別寄稿してくださったものである。渡辺氏は日本のアニメーション研究の第一人者として多くのものを私たちに遺してくださったが、その一つに『桃太郎の海鷲』についての瀬尾光世への聞き取り調査がある（一九八一年一月十八日収録）。その書き起こしは紙幅の関係もあり本書に掲載できなかったが、佐野明子の博士論文に所収されているので、そちらを参照されたい[29]。渡辺氏に、当初は『海の神兵』のリアルタイムの観客としての経験についてのエッセーをお願いしたところ、実は本作については戦後のリバイバル上映で初めて視聴したとのことだった。そこで、リアルタイムに観た『桃太郎の海鷲』について、闘病中にもかかわらず書いてくださった。渡辺氏は幼少期に学童疎開など戦争を実体験され、戦時下の日本アニメーションに対する研究の必要性を生前に説いておられた。おそらく本章が渡辺氏の最後の著作である。

最後に、研究に必要な一次資料について紹介したい。戦前・戦中期の映像資料はいま、比較的手軽に視聴できる。「日本アニメーション映画クラシックス」（https://animation.filmarchives.jp/index.html）では、一九一七年から四一年までの六十四作品を公開している（国立映画アーカイブ所蔵作品）。『海の神兵』は『くもとちゅうりっぷ』とともにDVD・Blu-ray が松竹から販売されている。『桃太郎の海鷲』は、DVD『日本アートアニメーション映画選集 第五巻 戦中期編』（紀伊國屋書店、二〇〇四年）に収録されている（全十二巻、この選集は、戦前・戦中の貴重な作品を百六十点収録している）。雑誌・書籍の言説資料に関するデータベースも、三鷹の森ジブリ美術館ウェブサイト上で公開しているので活用されたい[30]。

本書を手がかりに、戦時期の日本アニメーションが、大学や専門学校でのレポートや卒業論文のテーマになり、SNSなどの一般の場での議論の対象になって多様な学術分野で研究対象になることを願っている。本書が、戦時期のアニメーション研究を未来へ架橋していく礎となれば望外の喜びである。

注

（1）本書では、「十五年戦争」（一九三一―四五年）という呼称が、帝国主義的侵略戦争の拡大と本質を批判的に捉える用語として広く使われていることに異を唱えるものではない。しかし、この十五年間に日中全面戦争が泥沼化し、アジア・太平洋地域に戦域が拡大され、日本の国内外の政治、経済、社会の変化をひとくくりにすることも難しい。そこで、「十五年戦争」という時代区分をさらに細分化する意味で、「アジア・太平洋戦争」という用語を採用する。以下を参照。森武麿、永原慶二／児玉幸多／林屋辰三郎編集『アジア・太平洋戦争』（「集英社版 日本の歴史」第二十巻）、集英社、一九九三年、吉田裕『アジア・太平洋戦争』（「シリーズ日本近現代史」第六巻、岩波新書）、岩波書店、二〇〇七年

（2）本作は一九四四・四五年の映画雑誌や広告で『桃太郎 海の神兵』というタイトルで呼ばれていたが、実際の映画のタイトルは『海の神兵』になっている。また、再発見後に松竹がリリースしたVHSやDVDのタイトルは「桃太郎」が冠されていて、このように同作のタイトル表記には揺れがある。そこで本書は、『桃太郎 海の神兵』というタイトルを用いながら、本文中では『海の神兵』と簡略化する。

（3）水島久光「無限の発見――社会・心性史として読む『鬼滅の刃』」、大正イマジュリィ学会第十八回全国大会、オンライン開催、二〇二一年三月十四日

（4）藤津亮太『アニメと戦争』日本評論社、二〇二一年、一一七ページ

(5) 北影雄幸『桜と特攻』勉誠出版、二〇一二年、六ページ

(6) 映画学の過去の代表的な論考について、初学者には以下を推奨する。岩本憲児/波多野哲朗編『映画理論集成――古典理論から記号学の成立へ』フィルムアート社、一九八二年、岩本憲児/武田潔/斉藤綾子編『「新」映画理論集成1――歴史/人種/ジェンダー』フィルムアート社、一九九八年、岩本憲児/武田潔/斉藤綾子編『「新」映画理論集成2――知覚/表象/読解』フィルムアート社、一九九九年、堀潤之/木原圭翔編『映画論の冒険者たち』東京大学出版会、二〇二一年

(7) David Bordwell, Janet Staiger and Kristin Thompson, *The Classical Hollywood Cinema: Film Style and Mode of Production to 1960*, Columbia University Press, 1985.

(8) 一九七九年の初版から二〇二〇年の第十二版まで刊行され続けている。デイヴィッド・ボードウェル/クリスティン・トンプソン『フィルム・アート――映画芸術入門』藤木秀朗監訳、飯岡詩朗/板倉史明/北野圭介/北村洋/笹川慶子訳、名古屋大学出版会、二〇〇七年

(9) 木下千花「映画の歴史、歴史の映画――研究の現在と今後の展望」、谷川建司編『映画産業史の転換点――経営・継承・メディア戦略』所収、森話社、二〇二〇年、四〇七―四一九ページ

(10) 現在の日本では「アニメ」の呼称が一般に普及しているが、アメリカも日本も学会名には「アニメーション」を採用している。「アニメ」は漫画的な表現のものを指す場合が多いが、「アニメーション」はより広く動画表現の総称と見なされていて、人形や影絵など多様な形式の表現が含まれていることによる。なお『海の神兵』は当時、「漫画映画」だけでなく「戦記マンガ映画」とも名指されていた。実際、『海の神兵』は一見、漫画的な表現による作品であるものの、影絵表現やドキュメンタリー映画の話法を含む作品になっていて、当時の一般的な漫画映画とは異なる独特の映像表現が試みられている。したがって本書で「アニメ」「アニメーション」いずれを用いるかについては、執筆者の判断に任せている。

(11) スーザン・J・ネイピア『現代日本のアニメ――『AKIRA』から『千と千尋の神隠し』まで』神山京子訳(中公叢書)、中央公論新社、二〇〇二年、トーマス・ラマール『アニメ・マシーン――グローバル・メディアとしての日本アニメーション』藤木秀朗監訳、大﨑晴美訳、名古屋大学出版会、二〇一三年

（12）加藤幹郎編『アニメーションの映画学』（ビジュアル文化シリーズ）、臨川書店、二〇〇九年

（13）須川亜紀子『少女と魔法——ガールヒーローはいかに受容されたのか』NTT出版、二〇一三年

（14）マーク・スタインバーグ『なぜ日本は〈メディアミックスする国〉なのか』大塚英志監修、中川譲訳（角川E—PUB選書）、KADOKAWA、二〇一五年

（15）セバスチャン・ロファ『アニメとプロパガンダ——第二次大戦期の映画と政治』古永真一／中島万紀子／原正人訳、法政大学出版局、二〇一一年

（16）ピーター・B・ハーイ『帝国の銀幕——十五年戦争と日本映画』名古屋大学出版会、一九九五年、古川隆久『戦時下の日本映画——人々は国策映画を観たか』吉川弘文館、二〇〇三年、加藤厚子『総動員体制と映画』新曜社、二〇〇三年、晏妮『戦時日中映画交渉史』岩波書店、二〇一〇年、中村秀之『特攻隊映画の系譜学——敗戦日本の哀悼劇』（シリーズ 戦争の経験を問う）、岩波書店、二〇一七年、Hikari Hori, *Promiscuous Media: Film and Visual Culture in Imperial Japan, 1926-1945*, Cornell University Press, 2017、三澤真美恵編、国立台湾歴史博物館出版協力『植民地期台湾の映画——発見されたプロパガンダ・フィルムの研究』東京大学出版会、二〇一七年

（17）アジア・太平洋戦争と日本アニメーションに関する博士学位論文には、佐野明子「トーキー移行期から大戦期における日本アニメーション映画研究」（大阪大学、二〇〇七年）、および、萱間隆「トーキー移行期から大戦期における日本アニメーションと植民地主義——『海の神兵』とその周辺」（専修大学、二〇二一年）がある。また、この時代の日本のアニメーションとアジア初および中国初の長篇アニメーションの関係についての研究は、以下を参照。佐野明子「漫画映画の時代——トーキー移行期から大戦期における日本アニメーション」、加藤幹郎編『映画学的想像力——シネマ・スタディーズの冒険』所収、人文書院、二〇〇六年、九六—一二七ページ、大塚英志「『鉄扇公主』と『海の神兵』——東アジアまんが・アニメーション研究に向けて」「TOBIO Critiques」♯0、太田出版、二〇一四年、秦剛「『鉄扇公主』と戦時下の孤島上海——戦争で生まれたアジア初の長篇アニメーション」「TOBIO Critiques」♯1、太田出版、二〇一五年、九二—一〇七ページ

（18）紙幅の関係から先行研究を数点だけ記す。Scott Nygren, "The Pacific War: Reading, Contradiction & Denial," *Wide Angle*, Volume 9, Number 2, 1987, p. 63, Jonathan Clements and Helen McCarthy, "Momotarō's Divine Sea Warriors," in *The Anime Encyclopedia: A Guide to Japanese Animation Since 1917*, Stone Bridge Press, 2001, pp. 259-260, Tze-yue G. Hu, *Frames of Anime: Culture and Image-Building*, Hong Kong University Press, 2010, pp. 73-75、トーマス・ラマール「戦後のネオテニー——手塚治虫、そして戦前における多種の理想」大﨑晴美訳、坪井秀人／藤木秀朗編著『イメージとしての戦後』所収、青弓社、二〇一〇年

(19) ジョン・W・ダワー『容赦なき戦争——太平洋戦争における人種差別』猿谷要監修、斎藤元一訳（平凡社ライブラリー）、平凡社、二〇〇一年、四二〇—四三〇ページ

(20) Jonathan Clements, *Sacred Sailors: The Life and Work of Seo Mitsuyo*, Albert Bridge Books, 2017.

(21) 山口且訓／渡辺泰、プラネット編『日本アニメーション映画史』有文社、一九七七年、瀬尾光世／手塚治虫／森卓也／岡田英美子／杉本五郎／永原達也その他「座談会 幻の日本初の長編アニメーション『桃太郎の海の神兵』を語る」「Film1/24」第三十二号、アニドウ、一九八四年、七四—八五ページ、瀬尾光世「四十年目の再会」、尾崎秀樹『夢をつむぐ——大衆児童文化のパイオニア』所収、光村図書出版、一九八六年、二〇九—二三〇ページ

(22) 木村智哉「アニメーション映画『海の神兵』が描いたもの」、乾淑子編『戦争のある暮らし』所収、水声社、二〇〇八年、一三一—一五八ページ、大塚英志『ミッキーの書式——戦後まんがの戦時下起源』（角川叢書）、角川学芸出版、二〇一三年、Ōtsuka Eiji and Thomas Lamarre, "An Unholy Alliance of Eisenstein and Disney: The Fascist Origins of Otaku Culture," *Mechademia* 8, 2013.

(23) Hikari Hori, "The Dream of Japanese National Animation." in Hori, *op. cit* 佐野明子「『桃太郎 海の神兵』論——国策アニメーションの映像実験」「アニメーション研究」第二十巻第一号、日本アニメーション学会、二〇一九年、小倉健太郎「漫画映画の拡張——『桃太郎の海鷲』から『桃太郎 海の神兵』へ」「映像学」第百一号、日本映像学会、二〇一九年、萱間隆「「大東亜共栄圏」のための「アイウエオの歌」——『桃太郎 海の神兵』の想定される観客をめぐって」、永田大輔／松永伸太朗編著『アニメの社会学——アニメファンとアニメ制作者たちの文化産業論』所収、ナカニシヤ出版、二〇二〇年

(24) この点については、佐野明子による本書第6章「『桃太郎 海の神兵』の実験と宣伝」が言及しているので参照されたい。

（25）高畑勲「60年代頃の東映動画が日本のアニメーションにもたらしたもの」、大塚康生『作画汗まみれ 改訂最新版』（文春ジブリ文庫）所収、文藝春秋、二〇一三年、三五〇ページ（二〇〇一年の記述が転載されたもの）。高畑は、東映動画を日本の戦後アニメーションの起点としながらも、戦中の高水準の製作技術、および政岡憲三による『動画講義録』が東映動画に継承されたと考えている。政岡憲三の『動画講義録』については以下を参照。萩原由加里「『漫画映画入門』と『政岡憲三動画講義録』について」「帝京大学文学部紀要 日本文化学」第五十一巻、帝京大学文学部日本文化学科、二〇二〇年

（26）雪村まゆみ「戦争とアニメーション――職業としてのアニメーターの誕生プロセスについての考察から」、ソシオロジ編集委員会編「ソシオロジ」第五十二巻第一号、社会学研究会、二〇〇七年

（27）一九三〇年代については以下を参照。萩原由加里「京都におけるアニメーション制作――J・O・スタジオ・トーキー漫画部の活動より」「Core Ethics」第五巻、立命館大学大学院先端総合学術研究科、二〇〇九年、佐野明子「日本アニメーションのもうひとつの源流――一九二〇～四〇年代前半における教育アニメーション」、大塚英志編『動員のメディアミックス――〈創作する大衆〉の戦時下・戦後』所収、思文閣出版、二〇一七年

（28）Judith Mayne, "The Woman at the Keyhole: Women's Cinema and Feminist Criticism," in Mary Ann Doane, et al. eds., *Re-Vision: Essays in Feminist Film Criticism*, The American Film Institute, 1984, pp. 49-66.

（29）前掲「トーキー移行期から大戦期における日本アニメーション映画研究」

（30）佐野明子「1928-45年におけるアニメーションの言説調査および分析」「徳間記念アニメーション文化財団年報 2005-2006 別冊」徳間記念アニメーション文化財団、二〇〇六年（https://www.ghibli-museum.jp/docs/05%E4%BD%90%E9%87%8E%E3%80%80%E8%AB%96%E6%96%87.pdf）［二〇二一年十一月十二日アクセス］

第1章　『桃太郎の海鷲』の思い出

渡辺　泰

一九四一年十二月八日早朝、六歳の私は父親にたたき起こされ戦争開戦を知った。早起きの父は毎朝NHKのラジオを聴いていて、臨時ニュースが日米開戦の第一報を知らせたのだ。六年間にわたる大東亜戦争の始まりだった。太平洋戦争（Pacific War）の呼称はアメリカ側が付けたもの。つまり日本と連合国（アメリカ、イギリス、オランダ）の間で主として西太平洋を中心におこなわれた戦争で、四一年十二月八日の日本海軍のハワイ真珠湾奇襲攻撃で開戦。四五年九月二日、日本側の無条件降伏文書調印で終決する。日本では四一年十二月十二日、閣議で米英戦争および支那事変を含めて大東亜戦争と呼ぶことに決定した。

敗戦から七十五年たった二〇一九年八月十五日、全国戦没者追悼式が日本武道館で挙行された。同年の五月に即位した天皇陛下も戦後生まれで、戦争を知らない世代である。新聞記事で驚いたことは、若い世代には、アメリカと日本が戦争をしたこと自体を知らない人たちが存在するということだった。ましてや、戦争の発端になったハワイ真珠湾奇襲攻撃のことなど、若い世代は知らないことだろう。

ここで真珠湾攻撃に至るプロセスを簡単に記しておきたい。一九四一年十一月五日、日本の大本営海軍部は連合艦隊に極秘でハワイ奇襲作戦の準備を命令。十二月一日には昭和天皇を交えた御前会議でアメリカ・イギリス・オランダに対して開戦を決定。八日、ハワイ真珠湾空襲開始と同時にアメリカ・イギリス両国に対して宣戦の詔書を交付。また、日本陸軍は東南アジアのイギリス領（当時）マレー半島（インドシナ半島の先端部にある半島）に上陸を開始した。本来ならば、アメリカ側に開戦通告の詔書を交付したのちに攻撃を開始すべきだったが、アメリカの日本大使館職員が開始の暗号電報の解読に手間取り、攻撃開始後にアメリカ側に交付した。このアンフェアな行為にアメリカ国民は激怒。「リメンバー・パールハーバー！」の相言葉で全国民は一致団結した。ディズニー・スタジオの看板的なアニメ・キャラクターのミッキー・マウスまでマイクを持って「リメンバー・パールハーバー」と叫ぶイラストが描かれた。

さて、パールハーバーはどこにあるのか。ハワイ旅行を重ねられた人はよくご存じだろうが、多くの日本人には意外と知られていない。ハワイ州の島の一つであるオアフ島は面積千五百七十平方キロメートル。州都はホノルルで、ワイキキビーチがある世界的な観光地。パールハーバー（Peal Harbor）はオアフ島南部にあり、船舶の停泊に適した地形の湾で、アメリカ太平洋軍司令部がある軍港でもある。日本名は直訳で真珠湾と呼ばれている。日本海軍の攻撃で半分水没した戦艦アリゾナが記念館になっていて、いまでもときどき、艦内の重油が湧き上がることがあるそうだ。

この軍港に開戦前日、戦艦アリゾナはじめ、アメリカ海軍の主力艦隊が停泊していた。ただ、四隻の空母（航空母艦）を除いて。四隻の空母はオアフ島を離れ、太平洋で訓練航海中だった。空母は海軍艦隊にとって重厚な戦艦よりももっと重要な存在であった。現在、中国海軍も三隻目の空母を建造中である。ミサイル搭載のステルス戦闘機の発達も目覚ましいが、それを搭載する空母がなければ意味がない。

そもそも日米戦争の原因は、日本の弱点であるエネルギー問題だった。日本には兵器の原料になる鉱物資源や、兵器を動かす石油資源もない。日本帝国は資源の豊富な南方諸島を武力で獲得すべく行動を起こした。一方、アメリカ側は日本に石油を輸出していたが、一九四一年八月には対日石油輸出を禁止。そういったもろもろの情勢から開戦せざるをえなかった。資源獲得のために日本海軍は南方海域に連合艦隊を展開。この南方作戦と背後の防衛を受け持ったのが海軍の第一機動部隊である。海軍航空隊は以前から日米開戦を予測し、オアフ島のアメリカ軍港爆撃訓練を続けていた。真珠湾は水深が浅く、魚雷を積んだ水雷爆撃機は低空飛行訓練を怠らなかった。

真珠湾攻撃は当時の首相・陸相・内相、東条英機の命令によって実行された。日本海軍は連合艦隊司令長官に山本五十六を任命。山本率いる第一機動部隊は六隻の空母を中心に戦艦含めて三十隻もの大艦隊で、ハワイのオアフ島を目指しての極秘出航は太平洋回りでなく、わざわざ遠距離航海になる日本海回りで出航した。大艦隊の出陣を敵スパイに察知されないためだった。一九四一年十二月八日未明、日本から五千八百キロ離れた真珠湾北方六百三十キロ地点に大船団は到着。当時のハワイ州オアフ島上空の天候はところにより曇り、東向きの風で風速七・五メートル、視界良好だったと伝えられている。

攻撃指揮官・南雲忠一中将が乗る空母・赤城はオアフ島北方三百七十キロに接近。一方、ハワイ州の住民や軍関係者たちは深い眠りについていた。艦隊では午前一時三十分に総員起こしが発令され、赤城の飛行甲板から攻撃隊指揮官の淵田美津雄中佐率いる水平爆撃機五十機が次々と飛び立った。二時四十五分、第二波攻撃隊が出発。三時十九分、オアフ島上空に達した第二波攻撃隊とあわせて総勢三百六十機の飛行機と七百六十五人のパイロットたちが太平洋の真ん中の空中で大編隊を組んだ。

オアフ島上空四千メートルに達した第一波攻撃隊隊長の淵田中佐は三時三十分、「ト、ト、ト」(全軍突撃せよ)の無電(無線電信)を発信。この無電は太平洋を越えて広島の呉軍港に停泊中の旗艦・長門もキャッチし、戦闘開始を知った。高々度から急降下して突入する淵田機の窓から眼下に玩具の船のような敵艦隊の並列が見えた。淵田中佐の水平爆撃隊五十機は攻撃態勢に移り、厚い鉄板も貫通させる八百キロの徹甲弾を敵艦めがけて投下。空襲を察知したアメリカ軍も対空砲火を日本機めがけて浴びせるが、日本機は弾幕をかいくぐって爆弾投下。次いで魚雷を機体に抱いた雷撃機の編隊が急降下し、超低空から突入。戦艦アリゾナ、カリフォルニア、ウェストバージニアなどの巨艦めがけて魚雷を投下。魚雷は水中を走り、巨艦の船腹に命中、巨大な水柱と火柱が上がる。反撃に出た敵軍の集中砲火を浴びながらも戦艦四隻のほか、施設にも大損害を与えた。四時二十分、第二波の攻撃を終え、第一波爆撃隊は八時ジャストに母艦に帰還。第二波攻撃隊も八時三十分に帰還し、第一機動部隊は戦果を上げて九時、進路を北々西に向けて帰路についた。

大きな戦果を上げ、意気揚々と帰還の途についた赤城だったが、艦内では指揮官の南雲中将と源田実航空参謀との間でトラブルが起きた。源田は零戦の名パイロットとして知られる。彼は中将に「戦艦だけ叩きつぶしても駄目です。敵空母を撃沈しなければ作戦成功といえない。特別訓練した夜間雷撃隊で夜襲して敵空母を撃沈させたい」と提案したが、中将は「作戦立案に深入りするな」と彼の提案を一蹴。だが、源田の発言は正論で、後日、日本海軍の敗北になるのだが。

一説によると、時のアメリカ大統領フランクリン・D・ルーズベルト（一八八二―一九四五）は日本海軍の真珠湾攻撃の暗号解読に成功し、虎の子のアメリカ空母四隻をパールハーバーから太平洋に避難させていたとも伝えられる。もし、南雲中将が源田参謀のアドバイスに耳を傾け、太平洋航海中の敵空母四隻を撃沈させていたら戦況は変わっていたとも後世でいわれた。

海軍省は真珠湾奇襲攻撃成功に浮かれ、国民に成果ＰＲのために、東宝撮影所に『ハワイ・マレー沖海戦』の特撮映画製作を依頼。東宝は全力を挙げて製作に取りかかった。内容は一九四一年の真珠湾攻撃、および日本海軍航空隊とイギリス東洋艦隊がマレー半島沖の海戦をおこないイギリス戦艦を撃沈。この二つの戦果を特撮映画で再現しようとするものである。監督は山本嘉次郎、特撮監督は戦後『ゴジラ』（監督：本多猪四郎、一九五四年）の特撮を担当した円谷英二らがあたった。砧《きぬた》撮影所内に六百分の一の真珠湾セットを作り、円谷監督が空中戦や海戦描写を特撮技術を駆使して製作した本作は、四二年十二月に公開されると、空前の観客動員を記録した。四二年度の日本映画雑誌協会選考のベストテン第一位に。興行収入も七十万円の好成績だった。

海軍省はこれに味を占めて、今度は「少国民」のための長篇漫画映画（当時、アニメーション、アニメという言葉はなかった）で真珠湾攻撃成功のＰＲをおこない、少国民を啓蒙しようと考えた。一九四一年三月、教育審議会の答申で小学校令が改正され、新たに国民学校令が公布され、四月一日から実施。従来の小学校は国民学校になり、小学生は少国民と呼ばれるようになった。毎日新聞社の伝統的な「小学生新聞」も「少国民新聞」と改題された。従来の漫画映画は一巻または二巻物が多く製作されていたが、海軍省としてはもう少し長尺の漫画映画にできないかと考えた。製作者についていろいろ調べ、『お猿三吉・防空戦の巻』（監督：瀬尾光世／川口長八、一九三三年）や『お猿の三吉・突撃隊の巻』（監督：瀬尾光世、一九三四年）、『のらくろ二等兵』（演出：瀬尾光世、一九三五年）などの戦争をテーマにした漫画映画を多く製作していた瀬尾光世（一九一一―二〇一〇）に白羽の矢を立てた。だが、瀬尾自身はかつてプロキノ（プロレタリア映画同盟）で、いわゆる赤の漫画映画を製作し、特高（特別高等警察）に捕まり、留置所にも入れられている。前科がある製作者だが、海軍省としては前科よりも瀬尾の漫画映画製作者としての力量を評価したのだろうか。

一九四二年二月のこと、瀬尾在籍の芸術映画社に海軍省大本営報道部から出頭命令がきて、同社社長の大村英之助と特殊映画部長の肩書をもつ瀬尾が海軍省に出頭。報道部長は二人に、漫画映画で海軍航空隊の活躍で真珠湾攻撃が成功したことを銃後の少国民たちに知ってもらうために作ってほしいと要望した。当時は物資不足で映画業界でも松竹、東宝、大映の三社とニュース映画製作の日映などにしか撮影用フィルムは配給されなかった。しかし海軍省の要請のため、製作フィルムだけでなくセル画用のセル（セルロイドの略）から動画用紙まで手配してくれるという好条件であった。海軍省の命令に等しい要請に芸術映画社としては従わざるをえなかったものだが、瀬尾自身としてはフィルムやセルなど不自由なく使えることで、やる気十分だった。

国産の漫画映画としては初めての長篇漫画映画製作は、芸術映画社としては冒険でもあった。栗原有茂の脚本をもとにして瀬尾含めて五人のスタッフは昼夜兼行で製作に取り組んだ。原画だけでなく作画も担当した瀬尾は会社での作業が終わったのちも、動画用紙を自宅に持ち帰って作画作業を続けたそうだ。一応の担当スタッフは原画・作画・撮影・演出が瀬尾になっているが、スタジオ写真では女性スタッフが撮影を担当している。たぶん、セルのトレースや彩色担当の橋本珠子または塚本静世のどちらかが手すきのおりに撮影をサポートしたと思われる。動画仕上げは田辺利彦。この作品で大活躍したキーマンは技術・構成のすべてを担当した持永只仁（一九一一九―九九）その人だった。クレジットでは技術・構成になっているが、背景のすべても担当している。持永は研究熱心で、アメリカのディズニー・スタジオで背景を立体化する撮影システムのマルチプレーン・カメラ・スタンドの開発成功を聞き、早速、自作した。ウォルト・ディズニーは世界初の長篇カラー・アニメ『白雪姫』（監督：デイヴィッド・ハンド、一九三七年）製作のため、背景を立体的に見せる撮影システムを開発させた。試作品として製作された短篇アニメ『風車小屋のシンフォニー』（監督：ウィルフレッド・ジャクソン、一九三七年）は秀作でアカデミー賞も受賞した。ディズニー製は頑丈な鋼鉄製であり、持永が作成したのは四段の木製だが、理論的にはディズニー製と同じだった。試作品は昆虫がテーマの漫画映画『アリチャン』（演出：瀬尾光世、一九四一年）で、背景の立体化に成功。この技術開発の成功は大きく、長篇『桃太郎の海鷲』（監督：瀬尾光世、一九四三年）でも大活躍した。木製の和製マルチプレーン使用で困ったことは、例えば雲の動きは長尺のセルが必要だが、海軍省が配給したセルは動画用サイズにすべて裁断されていて、長尺セルはなかったそうだが、持永のアイデアで解決した。

五巻三十七分の日本初の長篇漫画映画『桃太郎の海鷲』の作画枚数は十万枚に達したそうだが、ほとんど一人で描いたと伝えられる瀬尾の功績は大きい。新聞広告では長篇漫画映画とPRされたが、厳密には中篇で、本当の長篇は瀬尾が演出を担当した一九四五年四月公開の『桃太郎　海の神兵』（監督：瀬尾光世）で九巻七十四分の大作だった。海軍省側は製作期間を半年としたらしいが、少人数の製作スタッフでは要求に応えられず四二年十二月に八カ月をかけて完成。公開は四三年三月二十五日、白系映画館で封切られた。白系というのは、四二年四月から映画配給社がおこなった映画の全国一元配給による。全国の映画館を「紅」と「白」の二系列に分け、原則として劇映画一本、文化映画一本、ニュース映画一本の三番組を配給するもので、白系で一週間封切り公開した作品を次週は紅系で同じく一週間公開するシステムだった。これは内閣情報局の企画で、お上の命令に従ったもの。初の長篇漫画映画『桃太郎の海鷲』はドキュメンタリー映画『闘ふ護送船団』（演出：中山良夫、一九四三年）と二本立てで公開されたが、興行成績はよく、興行収入は六十五万円だったそうだ。また、『桃太郎の海鷲』は三九年十月に施行された映画法以来、漫画映画としては初めて「文部省推薦」作品になった。

筆者がこの漫画映画をリアルタイムで観たのは、たしか一九四三年三月末の春休みだったと思う。小学二年の私は母に連れられて大阪・梅田の東宝系劇場・梅田小劇場で観た。この劇場は戦前からの名門劇場でキャパシティが多いメインの梅田劇場、中規模の梅田小劇場に加え、地下劇場と、一つの映画館のなかに三つの映画館があった。現在のシネコン（シネマコンプレックス）の元祖といえるだろう。戦後は建て替えられてナビオ阪急になり、「TOHOシネマズ梅田」の名称のシネコン劇場になっている。

私の幼少時の漫画映画の記憶は大阪・朝日会館で毎年お正月三が日に上映された「漫画映画大会」で、毎年三日に父が姉と私を連れていってくれた。すべて一巻物のアメリカの漫画映画で、ディズニーのミッキーマウスやフライシャー兄弟が製作した『ポパイ』シリーズ（一九三三―四二年）などが多かった。なかでもディズニーのカラー漫画映画（シリー・シンフォニー・シリーズ）が上映されたときは、カラーの表現が極彩色とか総天然色と表示されていた。これらは後年知ったことだが。一巻物しか観ていなかっただけに五巻の大作は子ども心に興味津々で観た。特に記憶に残ったシークェンスといえば、やはり敵の反撃で雷撃機三号の主翼の先端三分の一がちぎれかかるところだ。搭乗員のお猿が主翼の先端に飛び乗って長い尻尾の先をちぎれかかった先端に引っ掛け、翼の脱落を必死で防ぐ努力をする行為に子ども心に胸を打たれた。敵艦の艦長らしい大男は幼少時に観た『ポパイ』シリーズに登場するポパイのライバルのブルートとすぐにわかった。事実、この艦長がしゃべる英語は本物のポパイのフィルムのサウンドからブルートの声を抽出しているのだ。敵艦長のブルートのコメディ・リリーフは観客の笑いを誘った。『桃太郎の海鷲』とドキュメンタリー映画『闘ふ護送船団』の二本立てだったが、アニメだけ観た記憶が残っている。

『桃太郎の海鷲』を再見したのは、小学校の講堂でポータブルの十六ミリ映写機による巡回映画であった。私は既に観ているので、級友に次はどうなるかと話したくて仕方なかった。戦後になって大阪のプラネット映画資料図書館（現・神戸映画資料館）が『桃太郎の海鷲』の十六ミリ版を入手したのを見せてもらった。同館はこの作品の三十五ミリ版フィルムも所蔵しているが、全五巻のうち一巻が欠損。東京国立近代美術館フィルムセンター（現・国立映画アーカイブ）でも三十五ミリ版を所蔵しているが、プラネット同様に一巻が欠損。幸いなことにセンターにない一巻がプラネットに保存されていて、プラネットにない一巻がセンターにあり、お互いフィルムを交換して完全版所蔵になった。三十五ミリ版フィルムを倉庫で見せてもらったが、フィルム缶の中央の丸いラベルの上部に大きな錨マーク、錨を取り巻くように円形に鎖が囲む。下部には大きなゴシック活字で海軍省と印刷されていた。作品はその後、ＤＶＤ化され市販された。ＤＶＤを再見して作品評を書いてみたい。

映画の冒頭に出る字幕は「この映画を大東亜戦争下の少国民に贈る」で、いかにもプロパガンダ的な始まりである。一隻の航空母艦が波濤を蹴立てて進む。飛行甲板ではシルエットでウサギが魚雷を飛行機に装着中。一方、広い甲板に非常呼集がかかり、ウサギを中心にイヌ、サル、キジのグループが集合。桃太郎艦長のお出ましだ。甲板壁面に貼られた地図の前で全員に訓示。鬼が島（オアフ島）の地図を指さし「総員鬼が島を攻撃、これを撃滅せよ」と。この艦長のスタイルはパイロットそのもの。ゴーグルの下の鉢巻きをなびかせ、胸には双眼鏡。腰には短剣をつるす。ズボンのポケットからは地図とおぼしき紙がのぞく。長靴、革手袋とパイロットを連想させる。表情は一見りりしく見えるが、どこか無表情でかわいげがない。訓示の声も子どもっぽい。訓示の途中、サルがマストに駆け登り、Ｚ《ゼット》旗を掲げる。Ｚ旗は本来は万国船舶信号旗で、ローマ字のＺを示す旗だが、旧日本海軍では「皇国の興廃この一戦にあり、各員一層奮励努力せよ」の意味を示す信号旗で、一九〇五年五月の日本・ロシアの日本海海戦で初めて使われた。また、ウサギが長い耳を振って手旗信号の代わりをする場面も楽しい。

散会したチームはウサギの整備員たち、パイロットのイヌ、サル、キジたちだが、それぞれ三人（匹）のチームを組んで、魚雷や爆弾を積み込んだ攻撃機に搭乗。一方、整備員は始動するプロペラの震動で機体を押さえる。こういったリアルな描写は、瀬尾自身が土浦および霞ヶ浦海軍航空隊に体験入隊し、戦闘機の離着陸訓練をつぶさに観察した経験と、またその折に許可を得て十六ミリ撮影もおこなった結果が作品に反映されている。パイロットたちは機内食のキビダンゴが入った袋をもらい、それぞれの爆撃機に搭乗。なかでも三号機に搭乗したサル、イヌ、キジの三人組にスポットが当てられる構成になっている。キジがメインの操従士で、イヌは通信役、サルは敵機撃墜の機関銃を担当。桃太郎司令官の合図で攻撃機は一機ずつ甲板を飛び立つ。手を振って見送るウサギの整備員たち。出発した攻撃機の編隊は途中で二羽の鷲と遭遇。母親の鷲と子どもの鷲だ。母鷲が目を離したすきに子鷲は勝手に飛び回り編隊の群れに迷い込み、機体の翼の上で泣きだす。それを発見したサルが飛び出して救出。子鷲を見失い、必死になって捜す母鷲のもとに返してやる。感謝してうれし涙の母鷲。このエピソードが伏線になる。攻撃機の編隊は鬼が島を目指し飛行を続けるが、三号機の乗員のイヌとサルは余裕しゃくしゃくで、将棋の駒で積み木遊びに興じる。操従士のキジの窓際には小さな鯉のぼりが吊り下げられているが、これが伏線になる。鬼が島が近づくにつれて、機内はあわただしくなる。操従士のキジはゴーグルを着用。サルは腰の拳銃を確認。イヌは電信機の調子を改める。

やがて雲間から鬼が島の高い山が垣間見られるが、この描写はマルチプレーン撮影の効果があり、持永の努力が報われている。司令機から攻撃開始の無電が発せられ、各機は急降下の態勢に入る。その前に鬼が島の軍港の描写があるが、最初に雲間から並んだ船団が見える。次いで敵艦のアップ。波間に停舶する船体の影が揺れてみえる描写も見事だ。高空から急降下を続ける三号機。吊り下げられた鯉のぼりが垂直になり、降下のスピードがわかる迫力ある描写。水平飛行に移り、敵艦をめがけて魚雷発射。魚雷は水泡を残して海中を進み、敵艦の巨大な船腹に命中。巨大な水柱と火柱に包まれて船体は横倒しで沈没。僚機もほかの戦艦をめがけて爆弾投下。船体から一本角の鬼の水兵たちが海中へ転げ落ちる。波間には水兵たちが飲んでいたウイスキーの空き瓶や浮き輪が漂う。こういった細かい描写で、鬼が島の水兵（つまりアメリカ海軍の水兵）たちの弛緩した様子を諷刺している。

桃太郎部隊の攻撃は続くが、一方で撃沈された艦上から逃げ延びた艦長と思われる（腰にサーベルをつけ、上着には襟章が付いている）『ポパイ』のブルートを連想させる男のワンマンショーが面白い。沈みゆく艦上のマストを駆け登るが、マストはついに水没。何もない空中を登り続けるギャグはアニメの定石だが、子どもたちは喜ぶだろう。ブルートは水面に落ちて姿を消す。一方、味方機が放った魚雷は敵艦と逆方向へ逆走する。それを発見したサルは魚雷に飛び乗り、乗った馬を操るように敵艦の方向に向きを変える。魚雷は真っすぐに敵艦を目指して進む。それを見届けたサルは逃げ延びる。敵艦は轟沈し成果を上げた。

湾内の敵艦の攻撃を終え、次は近くの飛行場に並ぶ敵機を発見。味方の飛行機はヘリコプターのホバリングよろしく空中に停止し（実際はありえないが）、機体からサルたちが一匹ずつ降りて猿梯子を作る。それを伝ってサルたちが地上に降り、敵機を一機ずつ爆破。飛行場は火の海に。離れた場所に駐機する大型爆撃機を発見したサルたちは機内に入り爆薬を仕掛けて逃げ出すが、一匹のサルが逃げ遅れ、飛行機の窓ガラスに長い尻尾がはさまれて逃げられない。それを発見した同僚のサルは拳銃を狙い定め、はさまれた尻尾を打ち、無事脱出した途端、大爆発し大型機は壊滅。ここでも成果を上げ、再度ホバリングの猿梯子を伝って機体に登り、戦場を意気揚々と引き揚げる。一方、桃太郎司令官の旗艦には攻撃の成果が無電で知らされる。そして一機ずつ空母に帰還するのだが、三号機は運悪く敵の集中砲火を浴び右翼先端と胴体に弾丸が貫通。ちぎれかかった右翼では機の安定が保てない。とっさにサルが右翼に飛び乗り、長い尻尾を右翼の先端に引っ掛けて少しの間でも機の安定を保とうと必死。一方、胴体を貫通したためガソリンが漏れ出し引火。窓につるした小さな鯉のぼりも燃え尽きる。この燃える鯉のぼりが悲劇を象徴する。伏線がうまく利用されている。イヌとキジは懸命に消火に励むが火の勢いは強い。滴り落ちるガソリンが一滴になり、ガス欠でついにエンジン停止。この場面はプロペラの動きで表現される。三号機は海面に突入。万事休したかと思われたが、偶然にもこれを目撃したのが海上を飛ぶ鷲の母子だった。急降下した母鷲は波間に漂う三匹を救出して背中に乗せる。迷子の子鷲を助けてもらった恩返しだった。

一方、空母の甲板ではウサギたちが黒板に記入した出撃機の機体のナンバーを点検。無事に帰還した機体のナンバーにチョークで丸をつける。だが、三号機だけ丸はない。顔を曇らせるウサギの表情。生還したイヌやサルたちはビールで乾杯し勝利を祝う。洋上で三匹を乗せた母鷲と子鷲は間もなくみんなが待ち受ける母艦に追いつくだろう。映画のラストはファーストシーンとは反対に、水泡を残して基地に戻る母艦の後部のクローズアップ。そして「終」のエンドマーク。

最初からエンドマークまで完全なプロパガンダを意識したアニメを瀬尾は製作し、依頼した海軍省側の期待を裏切らなかった。この功績によって七十四分の大作長篇漫画映画『桃太郎 海の神兵』の製作を再度、海軍省が瀬尾に依頼したと思われる。瀬尾自身は映画評論家の青木光照の取材に対し「技術的に一番苦労したのは雲と波であった[1]」と述べている。この場面を創造したのは持永だが、瀬尾は持永の努力をたたえて発言したのだろう。持永の功績も大きかっただろうが、瀬尾の作画能力も認めたい。瀬尾はかつてプロキノ時代、特高から逃げ回ったあげく、京都でアニメ製作中の政岡憲三（一八九八―一九八八）に助けてもらい、政岡スタジオの最新のトーキーシステムなども習得した。政岡自身も瀬尾の作画能力を評価していたのだろう。作画家の能力には、いくら美しい絵を描けたとしてもスピードが要求される。遅ければ評価されない。アメリカのアニメーターで早描きで有名なウィリアム（ビル）・ノーマンが一日に六百枚作画したのが最高と伝えられる。しかし、ディズニー・スタジオのアニメーターのアブ・アイワークスはミッキー・マウス第一作の『Plane Crazy』（一九二八年）を製作中、一日に七百枚描き、その記録は破られていないと伝えられている。瀬尾が『桃太郎の海鷲』で超人的なはたらきができたのは頑健な体の持ち主だったこともあるだろう。風聞では平和主義者であるゆえ、高畑勲が戦中に瀬尾が製作した『桃太郎の海鷲』と『桃太郎 海の神兵』に対してプロパガンダ・アニメと酷評したそうだが、戦時中、軍の命令で作らされた瀬尾の立場もあっただろう。

この映画が公開された当時、映画評論家たちはどう評価したのだろうか。一九四一年、日本で最初のアニメ（特にディズニーおよびフライシャー兄弟の短篇アニメ）評論を書き『漫画映画論[2]』として出版した今村太平（一九一一―八六）は「映画旬報」（「キネマ旬報」改題）一九四三年三月一日号の「最近の漫画映画」で、『桃太郎の海鷲』、『くもとちゅうりっぷ』（監督：政岡憲三、一九四三年）、『フクちゃんの奇襲』（監督：政岡憲三、一九四二年）の三作を取り上げ、映画評を寄稿している。『桃太郎の海鷲』については「従来の日本漫画に類例のない演出の配慮に富んだ点で、雰囲気醸成の細かいことは注目に値ひする[3]」と書き、一例として「オアフ島が近づいた時、イヌが拳銃を改め、狙ひをつけると、その照準の方向に真珠湾があらはれるのである」と記している。今村はまた、「操従席の窓のマスコットの鯉のぼりも、やはり二様の意味をあらはすべく使われている。すなはち最初はそれは意気旺んなる壮途を歌っているが、後には危機と絶望をあらはすものになる。すなはち敵の被弾でガソリンに火がつきその炎がこの鯉を焼きつくしはじめる時、万事休すとなる」と、この作品の雰囲気醸成の細かさについては高く評価している。

今村は「映画評論」一九四三年三月号にも「日本漫画映画のために」と題して寄稿しているが、「映画旬報」同様に『桃太郎の海鷲』『くもとちゅうりっぷ』『フクちゃんの奇襲』の三作を取り上げ、『桃太郎の海鷲』では「爆撃後の海面に、ウィスキーの瓶や鼠の乗った救命袋を浮遊させているのも細かい演出である」[4]とか「敵艦のへさきの水の光の反射のゆらぎなど」についても細かな描写をほめている。しかし、今村が真に評価している作品は『桃太郎の海鷲』の翌年に公開された政岡憲三の『くもとちゅうりっぷ』だった。これは「映画旬報」誌の批評でも同様だった。

アメリカ・イエール大学教授アーロン・ジェローとパートナーの小野聖子は、二〇〇八年、日本映画の学術的研究を推進するためにＤＶＤ化を企画。製作・販売のためにアメリカでZAKKA FILMSを設立。第一弾として『The Roots of Japanese Anime』を六月頃発売。内容は大藤信郎の『春の唄』（一九三一年）や政岡憲三の『べんけい対ウシワカ』（一九三九年）など八作品が選定された。そのなかに瀬尾の『桃太郎の海鷲』が入っている。ＤＶＤの解説書に書かれたアーロン・ジェローの論文「Momotaro's Sea Eagle」[5]（「桃太郎の海鷲」）を一部紹介したい。

「「桃太郎」は日本では道徳教育に使われるが、戦時中は軍国的なナショナリズムを表象した。（略）『桃太郎の海鷲』の桃太郎は天皇のような風姿でイヌ、サル、キジを「侵略者」である鬼たち（ここでは植民地化しようとしている西洋人としての象徴）を撃滅するために出陣させる。その結果、可愛らしいキャラクターたちは真珠湾を攻撃する。今日では奇妙に聞こえるかもしれないが、これはプロパガンダの古典的なパターンといえる。敵は不自然なもの＝鬼として表象し、日本側は自然なもの（ここでは、その象徴としての鷲）として描いている」と書き、次いで『海の神兵』にも触れている。ジェローは最後の締めとして『桃太郎の海鷲』や『海の神兵』について「瀬尾がレガシーとして負わされたものは、技術的にはすぐれたものであったが、イデオロギー的には問題のあるものであったのだ」と書いている。

結びとして、『桃太郎の海鷲』に登場した桃太郎のキャラクターを取り上げる。昔話に登場する桃太郎は最終的に鬼退治または征伐に行き、鬼たちを平らげ、宝物を分捕るパターンになっている。日本アニメの起源は一九一七年にさかのぼるが、桃太郎をテーマにしたアニメはどれほど作られたのか。一八年には北山清太郎が日活で『桃太郎』(監督:北山清太郎)を製作し、フランスに輸出され、文字どおりジャパニメーション第一号になった。大正年間の年度不明作品にも『モダン鬼ヶ島』『桃太郎と鬼』が登場。二八年には『鬼の住む島』と『日本一桃太郎』(監督:山本早苗)、三一年『漫画 空の桃太郎』(演出:村田安司)、三二年『海の桃太郎』(作画:村田安司)、三七年『昭和の桃太郎』(作者不詳)、三八年『非常時の桃太郎』(作者不詳)、『桃太郎の海鷲』『桃太郎 海の神兵』。戦前、戦中含めて十一作品がアニメ化されてきたが、太平洋戦争中に製作されたとはいえ、瀬尾の二作品だけが戦後になってプロパガンダ・アニメの代表としてクローズアップされてしまい、瀬尾自身にとっては不本意で口惜しかったことだろう。

二〇一七年元旦の「朝日新聞」新年特集ページに「アニメ一世紀 アトム前の輝き」と題して一九一七年の国産アニメの誕生から二〇一六年のヒット作『君の名は。』(監督:新海誠)まで、日本アニメの歴史が簡潔に紹介された。案内人は東京工芸大学・杉並アニメーションミュージアム館長の鈴木伸一である。鈴木は一九四五年の「日本初の長篇アニメ『桃太郎 海の神兵』公開」についてコメントしている。鈴木は「海の神兵」の二年前に作られた『桃太郎の海鷲』のほうがお気に入りで「僕は旧満州にいて、学校から団体で見に行った。真珠湾攻撃を鬼が島の鬼退治にしたプロパガンダで、攻撃シーンはリアルでよく出来ていたけど、飛行機から飛行機へ飛び移ったりする漫画映画らしい面白さの方が印象に残った(6)」という。私も全く同感である。

注

（１）青木光照「漫画映画の技術 瀬尾光世氏と語る」「映画技術」一九四二年九月号、映画出版社、一七ページ
（２）今村太平『漫画映画論』第一芸文社、一九四一年
（３）今村太平「最近の漫画映画」「映画旬報」一九四三年三月一日号、映画出版社、二六ページ
（４）今村太平「日本漫画映画のために」「映画評論」一九四三年三月号、新映画、五八ページ
（５）Aaron Gerow, "Momotaro's Sea Eagle," in *The Roots of Japanese Anime: Until the End of WW II.* Zakka Films, 2008, pp.10-11.（ＤＶＤ付録のリーフレット）
（６）鈴木伸一「アニメ一世紀 アトム前の輝き」「朝日新聞」二〇一七年一月一日付

参考文献
山口且訓／渡辺泰、プラネット編『日本アニメーション映画史』有文社、一九七七年
「特集 瀬尾光世「桃太郎の海鷲」」「季刊シネマテック」秋号 VOL.5、シネマテック編集部、二〇〇九年

［編者付記］渡辺氏は「草稿」としてこの原稿をくださった。渡辺氏は体調が優れないため文章の推敲がかなわず、適宜、編者に書き直してもらいたいという指示をいただいたが、編者による改訂は最小限に抑えている。ご逝去される七カ月前、ご闘病中にもかかわらずご執筆くださった渡辺氏に、心から感謝を申し上げます。

第2章　戦時下のユビキタス的情報空間
――『桃太郎 海の神兵』を題材に

大塚英志

本章では『桃太郎 海の神兵』(監督：瀬尾光世、一九四五年。以下、『海の神兵』と略す)を題材に戦時下のメディアミックスのあり方をトレースする。そのために最初に確認しておきたいのは「メディアミックス」という語法の歴史的出自である。

「メディアミックス」という語が一九六〇年前後に成立したことは、マーク・スタインバーグも指摘している。(1)しかし、この点で重要な見落としがある。

一つは一九六〇年代のメディアミックス提唱者の顔ぶれである。すなわち、一方では小林太三郎、川勝久のような戦後の北アメリカの広告理論の提唱者たち、他方では新井静一郎、栗屋義純といった戦時下、当初は企業広告の実践者であり、その後に国家広告と呼ばれた戦時プロパガンダの理論的構築をおこなった者たちの二種類が含まれているのだ。新井は戦後の広告の世界で北アメリカ式のアートディレクターの概念を確立したとされるが、広告家としてのキャリアは三二年に森永製菓の広告課に入社することで始まる。栗屋は二五年に新井より早く、森永の広告部に入社、三〇年には明治大学で広告論の講師に就任している。新井は森永のコピーライターとして活躍、新井より一年ほど早く入社したデザイナー今泉武治がいた。新井、今泉が中心になって内閣情報部の助言もあり、国家広告の理論化と実践をおこなう報道技術研究会を四〇年に設立する。他方、粟屋は百貨店のディスプレーや広告における心理面での論考を中心に学術化していく広告論の黎明期の研究者になるが、第一次世界大戦でのドイツの敗北の要因を「宣伝戦」での敗北に求め、戦時下宣伝の具体相を説く『戦争と宣伝』[2]で知られる。戦後広告が北アメリカ理論の導入によって作られたというストーリーは広告理論における戦時下の達成と戦後の連続性をみえにくくするためのものであり、六〇年代の「メディアミックス」への言及者たちの顔ぶれをみるとき、その程度の注意が必要だ。

スタインバーグの見落としの二つ目は、この時点で「メディアミックス」と呼ばれるものは、あくまでも広告を異なる媒体間で展開して宣伝効果を上げる「広告のミックス（admixture）」[3]の意味で限定して用いられていることだ。まんが作品やキャラクターの多メディア展開を指すものではない。すなわち、スタインバーグが戦後のメディアミックスの具体例としてテレビアニメ『鉄腕アトム』（フジテレビ系、一九六三―六六年。その後、複数回にわたってアニメ化）を扱う際、検証が十分でなかったのは、アニメーション版『鉄腕アトム』が作り手の手塚治虫にとっては自作のアニメーション領域への展開という「作品」だが、他方で、広告主である明治製菓にとって「アトム」というアニメーション映像とキャラクターは「明治製菓」およびマーブルチョコレートを想起させるアイコン、すなわち「広告」だったという乖離である。したがってテレビアニメーションがもたらした人気に便乗した、その後のキャラクター商品全般へのマーチャンダイジングと分けて考える必要がある。

とはいえ、スタインバーグはテレビアニメ『アトム』の作品にスポンサーの商品であるマーブルチョコレートが一瞬、描かれることに注意を促している[4]。これはアニメ『アトム』そのものが宣伝広告であることへの一種の自己言及である。テレビアニメ『アトム』に端を発した子ども向けのアニメーションは基本的には単一のスポンサーからなり、『鉄人28号』（フジテレビ系、一九六三―六五年）、『少年忍者風のフジ丸』（NETテレビ系、一九六四―六五年）のようにオープニング主題歌の歌詞にスポンサー名を含んでいた。また同じ『風のフジ丸』はスポンサーの藤沢薬品にちなんで、アニメーションではないが特撮ドラマ『ナショナルキッド』（NETテレビ系、一九六〇―六一年）、人形アニメーション『シスコン王子』（フジテレビ系、一九六三―六四年）では、よりあからさまにスポンサー名がタイトルやキャラクターの直接的名称になっている。一九六〇年代、リアルタイムでこれらのテレビ映像を観た筆者の個人的な記憶でも、それぞれのキャラクターはスポンサーや商品名と明瞭に結び付いている。つまり、黎明期のテレビの子ども向け番組のキャラクターは、企業キャラクターとしてスポンサーによって位置づけられていた。そのため、テレビコマーシャルだけでなく番組名、オープニング、番組そのもの、掲載誌などの誌面での商品広告、店頭ポスター、そしてスポンサーによって「おまけ」「景品」として配布されるシールなどのモノもまた宣伝ツールであり、それらを含めて「広告」の多メディア展開、つまりメディアミックスとしてあった、と考えるべきである。

そう考えたとき、筆者が戦時下のメディアミックスの事例として扱った大政翼賛会宣伝部主題の「翼賛一家」もまた、翼賛体制や隣組といった政治宣伝のためのキャラクターであり、個別の展開に大政翼賛会が広告費を拠出したわけではないが、読者の人気、つまり需要と関係なく同時多発的な多メディア展開をしたのはそれら一つひとつのコンテンツは「作品」ではなく「広告」だったからだと再確認できる。(5)

このような国家広告のなかの多メディア展開の考え方が戦時下、正確に理論化されていたことは、新井らが主導した報道技術研究会の機関誌での今泉武治の以下の記述によっても確かめられる。

また各報道媒体も無統制な乱立から統制ある計画が樹てられねばならない。媒体機能の相互連関である。ラジオはラジオ、映画は映画、印刷物は印刷物として各々の領域の中だけに立ちそこからの自足的表現のみに終つたのでは真の一元化ではない。それぞれの媒体の性能をもつて互ひに補完しつゝ綜合して一つの理念または政策を浮び出させることである。聴える音声、移りゆく映像そして形象・色彩・文字等によつて異なる機能を協同して表現する。ラジオ講演を翌日の新聞に活字をもつて反復する。回覧板の告示を映画によつて映像化する。ラジオ・映画によつて解説した公債消化政策をポスターによつて拡布掲出して記憶を刺激し反復しつゞける。またこのやうに媒体を並行して協同せしめることにとどまらず一層媒体の連関を意識的に秩序化し、計画的に表現領域の配分・速理・抑制がなされなければならない。前例のラジオと新聞の受け渡しによる時間的連関は、家庭・職場・街路のごとき地域別による環境的連関を相互に交流せしめて内面的な報道体系を形成することである。無統制な報道は徒らに政策の錯雑混乱を感ぜしめるだけであつて、右のごとき視覚的・感覚的・言語的報道連関を体系づけることによつて初めて存在の全円性を表象し現出せしめることができるのである。(6)

その成立の過程を今回細かに追う余裕はないが、このようなメディア形式の異なる媒体を関連づけて「国家宣伝」の展開がなされる広告形式が、名付けられる以前のメディアミックスである。単に多メディア間の連動でなく、「内面的な報道体系を形成」することが目的であるという部分に注意したい。近衛新体制は国民を「内面より参与せしむる」ことが目的であり、そのためには「内面」の作り替えが必要で、メディアミックスはその手段として想定されていることがうかがえる。

このような戦時下メディアミックスに技法上、特徴的なのは多メディア展開されるのはキャラクターに限定されず、短いワードや表象であり、一見広告に見えないステルス化が併用されることだ。

一例を挙げる。

太宰治の小説「十二月八日」は、日米開戦から一年後のタイミングで描かれた小説である。題名は日米開戦の日付であることや、その内容からして戦時体制に迎合した作品であることは明らかだ。

だが、この小説が「翼賛一家」と同じくメディアミックスの一部であると記すと多くの人々が困惑するだろう。けれども「翼賛一家」がそうだったように、実は、戦時下の「宣伝」は「作品」に見えるものがしばしば「広告」である例が少なくない。いまでいうステルスマーケティングとして、小説や詩といった文学作品などにワードや表象が潜り込み、「広告」としてわかりやすいものも含め、同時多発的メディア横断的な露出がもくろまれるのだ。

太宰の「十二月八日」は「婦人公論」一九四二年二月号（中央公論社）に掲載された。この小説が仮に翼賛小説だとしても、日米開戦の日付を題名にすることは不自然ではない、という異論もあるだろう。しかし、その執筆のタイミングは、日米開戦の日付である十二月八日にちなんで毎月八日を「大詔奉戴日」とする一九四二年一月二日の閣議決定を踏まえていると考えられる。同じく十二月八日という日付を織り込んだ高村光太郎の詩「十二月八日」は「婦人朝日」一九四二年一月号（朝日新聞社）に掲載されている。一月二日、元旦翌日の閣議決定のためには相応の準備があったはずで、この二作の執筆から公表に至るタイミングの一致は偶然とは考えにくい。

この「大詔奉戴日」制定を受けて、白樺派の流れをくみ、戦時下は翼賛会に最も近い詩人の一人として創作を続けた尾崎喜八による国民歌謡「大詔奉戴日の歌」が翼賛会制定と銘打って製作、レコード会社競作になる。同名の高橋民次郎作詞「本国民唱歌 大詔奉戴日の歌」も大政翼賛会推薦としてリリースされる。さらに「十二月八日」をモチーフとしたアンソロジー詩集である大政翼賛会文化部編『大東亜戦争愛国詩歌集（1）詩歌翼賛特輯』[7]が一九四二年三月に刊行される。高村の「十二月八日」を含む『詩集 大いなる日に』[8]は同年四月、太宰の「十二月八日」は「女生徒」など既に単行本に収録ずみの作品を再録した作品集『女性』[9]として六月に刊行される。

さらに翼賛会宣伝部の花森安治は国家広告に自ら特化した広告家集団・報道技術研究会に「十二月八日」の統一フォント製作を打診、山名文夫が中心になり、縦・横のフォントが決定、清刷りの形式で配布される。

このように「大詔奉戴日」決定を踏まえ、一九四二年冒頭から「十二月八日」という「日付」をめぐる多メディア展開がなされる。「十二月八日」というワードは、「奉戴日」についての新聞・雑誌などの報道や記事に当然、繰り返し書かれるが、そこに太宰の小説、高村の詩、尾崎の国民歌謡、山名のフォントが連鎖する。翼賛詩は翼賛会が隣組での朗読を奨励していて、文章だけでなく朗読や歌という音声、ポスターなどのフォントと連鎖しながら、「十二月八日」という日付は「聴える音声、移りゆく映像そして形象・色彩・文字等によつて異なる機能を協同して[10]」特権化していくのだ。

「十二月八日」メディアミックスに参加した顔ぶれはいま振り返っても錚々たる面々だが、彼らの一つひとつの作品が単独で戦時体制を礼讃したと考えると評価を誤る。忖度的自発参加もあったろうが、全体としては翼賛会主導による一連なりの多メディア展開のピースであると考えるべきで、そこに、戦時下メディアミックスの所在を見て取るべきなのだ。

戦時体制を肯定する作品は左派の「転向」小説を含め、もっぱら作家個人の問題、あるいは「文学」という単独の領域の問題として論じられてきたが、そうではなく、多メディアを横断、連動する形で展開されているものの一部である可能性に注意しないと、このような戦時下のメディアミックスが作り出していただろう戦時下の情報空間の所在を見落としてしまう危険がある。

そして注意すべきは、こうやって演出されるのは一つのワードや表象が「どこにでもある」という状況だ。そのとき、スタインバーグが現代日本のメディアミックスの「ユビキタス性」を指摘していることは思い出していい[11]。その議論自体は、今日のメディアミックスによってキャラクター商品類がコンビニエンスストアなど日常のあらゆる場所で見かけることができるという印象論の域を出ないが、ユビキタス性を伴うメディアミックスというイメージはむしろ戦時下のそれを描写するにふさわしい。

このように、戦時下の国家広告としてのメディアミックスは、キャラクターのマーチャンダイジングやトランスメディアストーリーテリングではなく、特定のワードや表象のユビキタス的反復としてあり、「翼賛一家」のようにキャラクターを用いた場合だけ、現在のメディアミックスに近似した外形になる。

このような視点に立って『海の神兵』を考えるとき、この作品自体が二次的展開をした例は、『海の神兵』で描写が曖昧だった、偵察に行った兵士の直接的な死を描いた手塚治虫の私家版『勝利の日まで』（一九四五年）の「南方基地編」と題される未完成の数ページ以外は確認できない（図1）。中学生の私家版をあえて二次的展開にカウントするのは、戦時下のメディアミックスが常に「投稿」や自ら演劇を上演するなど参加型としてあったか

図1　手塚治虫「勝利の日まで　南方基地編」に見る『桃太郎 海の神兵』引用場面
（出典：手塚プロダクション監修『手塚治虫とキャラクターの世界』三栄書房、2013年、7ページ）

らである。同作が同時に「翼賛一家」の二次創作でもあったことは既に指摘した。(12)

だが、手塚と「翼賛一家」の関連でいえば、手塚の次の証言に注意したい。

手塚　ぼくの場合は、大政翼賛会の「桃太郎」というのを書いているんですがね。仙花紙の悪いのに、「翼賛一家」というのがあったでしょう。あれです。「翼賛一家」というのは各地方でいろんな人が書いているんですが、大政翼賛会できめた主人公なんですね。おじいさん、おばあさん……（略）それは昭和十九年でした。大阪の本屋さんから出ました。(13)

現物が発見されていないが、手塚は一九四四年に「翼賛一家」のキャラクターを用いた「桃太郎」でデビューしている、と主張しているのだ。だが、この挿話が仮に事実としたとき、それが同時に「桃太郎」をモチーフとした作品であることのほうが今回は気になる。「翼賛一家」のメディアミックスが仕掛けられるのは翼賛会発足のタイミングである四〇年であり、主たるメディア展開は四一年前半に集中し、それ以降は厚生演劇や人形劇、参加型の「素人演劇」を中心に展開される。その点で、手塚がいう四四年の刊行はやや遅い。

しかし、この幻の手塚のデビュー作を一九四三年三月公開の『桃太郎の海鷲』（監督：瀬尾光世）から、四四年末に完成、四五年四月に公開された『海の神兵』のなかに配置してみる。実はこの間、「桃太郎」という表象とワードを含む書物が繰り返し露出されるのである。手塚の「翼賛一家桃太郎」は、時期的にはその最後尾の一つと思えてくる。

むろん、「桃太郎」は、この時期に限らず近代を通じて繰り返し描かれてきた。そして、そのモチーフには時代状況の影響を受け推移があり、集中して描かれる時期とそうでない時期がある。十五年戦争下に限っても「桃太郎」の翻案の児童書、絵本の類いは継続的に刊行されている。「桃太郎」は、新聞記事などでは健康優良児の意味で繰り返し使われる傾向にある。しかし、二つのアニメ「桃太郎」を挟む時期、「桃太郎」という表象を共有するユビキタス的メディアミックスが存在したという仮説が可能なのである。それはおそらく、「南方」と桃太郎を関連づける意図だったように思える。

「桃太郎」を日本軍の表象とし、鬼を敵国に見立てるという発想は、例えば日露戦争時、「明星」（新詩社）の表紙などで知られる一条成美のアール・ヌーヴォー式の挿画と、石原万岳の文という組み合わせによる『日露戦争ぽんち 桃太郎のロスキー征伐』[14]をはじめ、繰り返しみられる。

他方、アニメでは、『海鷲』以前に十作以上の「桃太郎」が登場する作品が製作されているのはよく知られる。十五年戦争以降、桃太郎を日本軍の表象としてステレオタイプに位置づける図式がアニメにも成立、J・O・トーキー漫画部製作の『絵本一九三六年』（中野孝夫／田中喜次、一九三四年）では、巨大なミッキーマウスと桃太郎が対峙するシークエンスが描かれる。ハリウッドアニメのキャラクターを連合国に見立てる図式は、『海鷲』でもみられる。同作では、ハワイが鬼ヶ島に見立てられている。

このような「桃太郎」で鬼ヶ島が植民地と結び付けられる比較的早い作品が、芥川龍之介「桃太郎」である。これは一九二四年が初出であり、十五年戦争以前の作品である。

そこでは「桃太郎」は侵略者であり、略奪者である。

あらゆる罪悪の行われた後、とうとう鬼の酋長は、命をとりとめた数人の鬼と、桃太郎の前に降参した。

桃太郎の得意は思うべしである。鬼が島はもう昨日のように、極楽鳥の囀る楽土ではない。椰子の林は至るところに鬼の死骸を撒き散らしている。桃太郎はやはり旗を片手に、三匹の家来を従えたまま、平蜘蛛のようになった鬼の酋長へ厳かにこういい渡した。[15]

鬼ヶ島が椰子の実が実る場所と設定されていることもあり、日本の植民地統治への批判と解釈される作品である。侵略者として「鬼」を侵略する側として逆説的に描くのは、尾崎紅葉『鬼桃太郎』[16]に早くからみられる趣向である。しかし、芥川「桃太郎」を侵略戦争の批判であると公然と解釈したのは実は日中戦争後である。一九三八年三月八日付「朝日新聞」には以下の記事が確認できる。

【八戸電話】青森県立高等女学校では昭和六年来文部省検定済東女子高等師範教授金子彦二郎氏編纂「女子現代文学新抄」を二学年国語副読本として採用してゐたがその読本中童話の項芥川龍之介氏の「桃太郎」の内容は帝国主義、侵略主義、日本主義を巧みに諷刺し悪露したもので、わが国情に照らし、思想的に見て不穏当極まるものである事を発見、同校教部会の決識を以て去月二十八日県当局に使用禁止方の意見書を提出中であつたが、五日県から遂に右読本使用禁止命令があつた。[17]

地方の一教員の申し立てで芥川「桃太郎」を扱った国語副読本が使用禁止になったという記事である。石川達三「生きてゐる兵隊」[18]の発禁処分などで神経質になっている状況のなかで、桃太郎があらためて植民地侵略の表象として、むしろその批判者の側から解釈されたのである。

「桃太郎」を肯定的にせよ否定的にせよ日本の植民地支配や戦争行為と結び付ける解釈は、概観しただけでも明治期から十五年戦争以降、一貫してある。他方、敗戦直前刊行の『少国民文化論』に寄せられた菅忠道「桃太郎の現代史」は、「桃太郎に軍国主義・侵略主義を説くことがインテリの観念」になったのは「大正末期から昭和の初頭を経て満州事変[19]あたりからとする。芥川「桃太郎」での「桃太郎」像の侵略者化は、確かに菅が指摘する時期に成立している。菅にいわせれば、それ以降の「桃太郎」はその「修正」の試みなのである。

その「修正」期間中の最後期にある、瀬尾光世の二つの「桃太郎」アニメを挟む前後の期間、事実として「桃太郎」というキャラクターおよびワードが集中的に多メディア展開する。

表1は一九四二年から四五年、「東京朝日新聞」紙上で確認できた、「桃太郎」を冠した新聞広告を網羅したものである。二つのアニメ「桃太郎」と前後して、東京宝塚『桃太郎』の広告を挟む形で三つの「桃太郎」が興行として連続することがわかる。広告スペースは小さいが、紙面のページが縮小されるなかで「桃太郎」がリレーするように広告を飾るのである。いわば、「桃太郎」のユビキタス化の一部である。この舞台『桃太郎』は白井鐵造の戯曲によるレビューで、エノケン（榎本建一）の主演に水谷八重子一座が合流するものだ。表は「東京朝日新聞」紙面の広告なので記載されていないが、この年の宝塚六月月組公演としても内海重典脚本『桃太郎の凱旋』が上演されている（図2）。

図2　内海重典脚本「お伽歌劇　桃太郎の凱旋　全六場」で鶴万亀子演じる桃太郎
（出典：「宝塚歌劇脚本集」1942年6月号、宝塚歌劇団出版部、5ページ）

『桃太郎の凱旋』のプロットは「南の島」が鬼たちに侵略され、日本に助けを求めて同地から若人がやってくる、というもので、それを見て桃の女神が再び桃太郎を誕生させ鬼退治に行かせる、という趣向である。

お里「そうですわ、この村は、桃太郎さまがお生れになつた由緒ある村なのです」

（略）

若人「私達は、昔桃太郎が居られた、この日出る国に参り、南の島の有様をお伝え致そうと、日夜脱出を試み、或る夜やつとのことで足の鎖をたち切り、

日付	項目
1943年5月25日	東京宝塚劇場『撃ちてし止まむ』『桃太郎』『みちのくの歌』
1943年5月26日	東京劇場『焔の人』『桃太郎』『みちのくの歌』
1943年5月26日	東京宝塚劇場『撃ちてし止まむ』『桃太郎』『みちのくの歌』
1943年5月29日	東京宝塚劇場『撃ちてし止まむ』『桃太郎』『みちのくの歌』
1943年5月30日	東京宝塚劇場『撃ちてし止まむ』『桃太郎』『みちのくの歌』
1943年5月30日	東京宝塚劇場『撃ちてし止まむ』『桃太郎』『みちのくの歌』
1943年6月18日	東京宝塚劇場『撃ちてし止まむ』『桃太郎』『みちのくの歌』
1943年8月22日	文林堂双魚房『桃太郎主義の教育新論』『批評と信仰』『現代短歌の志向』
1945年1月25日	『桃太郎 海の神兵』（松竹）
1945年1月30日	『桃太郎 海の神兵』（松竹）
1945年3月9日	『桃太郎 海の神兵』（松竹）
1945年3月18日	『桃太郎 海の神兵』（松竹）
1945年3月23日	『桃太郎 海の神兵』（松竹）
1945年3月31日	『桃太郎 海の神兵』（松竹）
1945年4月3日	『桃太郎 海の神兵』（松竹）
1945年4月5日	『桃太郎 海の神兵』（松竹）
1945年4月5日	『桃太郎 海の神兵』（松竹）
1945年4月8日	『桃太郎 海の神兵』（松竹）
1945年4月9日	『桃太郎 海の神兵』（松竹）

（出典：「東京朝日新聞」〔1942－45年〕から）

私達二人は、海に出て丸木舟を拾ひ、数十日の間無我夢中に舟をこいで参つたので御座います[20]」

このように桃太郎は「日出る国」からやってきた植民地解放者として描かれている。まさに「修正」である。この南方での解放者という桃太郎の位置づけは、明らかに『海の神兵』とも重なる。翼賛体制下「宝塚」は翼賛会の指導による翼賛歌劇とでもいうべきものをしばしば上演していて、この『桃太郎』脚本が収録された「宝塚歌劇脚本集」一九四二年六月号（宝塚歌劇団出版部）には「大政翼賛会宣伝部」名義の花森安治のエッセーや、やはり翼賛会文化部の小場瀬卓三の評伝が掲載されている。

同時期、東西で「桃太郎」のレビューが上演されていたのである。

多メディア展開という点では、翌一九四三年四月には中山晋平作品「桃太郎音頭」（ビクター）、同十二月には朗読ドラマ『桃

表1 「桃太郎」を冠した新聞広告一覧（筆者作成）

日付	項目
1942年3月13日	武蔵野電車 豊島園「桃太郎祭」
1942年8月21日	三省堂『桃太郎の誕生』
1942年8月21日	帝国劇場『お伽歌劇桃太郎』『少年野口英世』
1942年9月10日	東京宝塚劇場『桃太郎』『ピノチオ』
1942年12月31日	邦楽座『桃太郎』『水の江滝子と軽音楽』『花火の夜』
1943年2月24日	東京宝塚劇場『桃太郎』
1943年2月28日	東京宝塚劇場『桃太郎』
1943年3月2日	東京宝塚劇場『桃太郎』
1943年3月6日	東京宝塚劇場『桃太郎』
1943年3月7日	『桃太郎の海鷲』
1943年3月7日	東京宝塚劇場『桃太郎』
1943年3月9日	『桃太郎の海鷲』
1943年3月10日	東京宝塚劇場『桃太郎』
1943年3月10日	『桃太郎の海鷲』
1943年3月12日	『桃太郎の海鷲』
1943年3月13日	『桃太郎の海鷲』
1943年3月14日	『桃太郎の海鷲』
1943年3月14日	東京宝塚劇場『桃太郎』
1943年3月16日	『桃太郎の海鷲』
1943年3月17日	『桃太郎の海鷲』
1943年3月18日	『桃太郎の海鷲』
1943年3月19日	『桃太郎の海鷲』
1943年3月20日	東京宝塚劇場『桃太郎』
1943年3月21日	『桃太郎の海鷲』
1943年3月23日	『桃太郎の海鷲』
1943年3月24日	『桃太郎の海鷲』
1943年3月25日	日比谷映画劇場ほか『桃太郎の海鷲』
1943年3月25日	新宿松竹ほか『桃太郎の海鷲』『闘ふ護送船団』（演出：中山良夫、1943年）
1943年3月25日	新宿帝都座ほか『桃太郎の海鷲』
1943年3月27日	『桃太郎の海鷲』『闘ふ護送船団』
1943年4月21日	東宝四階劇場ほか『桃太郎の海鷲』『格子なき牢獄』（監督：レオニード・モギー、1938年）、『白鳥の死』（監督：ジャン・ブノア・レヴィ、1937年）
1943年5月5日	文林堂双魚房『桃太郎主義の教育新論』『妙高』『現代短歌の志向』
1943年5月8日	文林堂双魚房『桃太郎主義の教育新論』『猫柳』

太郎鬼征伐』（ビクター）のリリースが確認できる。

そして、先の一群の広告内に柳田國男『桃太郎の誕生』[21]および、巌谷小波『桃太郎主義の教育新論』[22]の二著があることに注意したい。いずれもこのタイミングでの「復刊」なのである。本来、柳田の旧版は一九三三年、巌谷の旧版は三一年の刊行である。出版統制下、旧刊が同時期、復刊されるのは偶然とは言い難い。

この「桃太郎」本復刊の政治性は、柳田の二つの「桃太郎」に付された前書き的な文章を比較してみれば明瞭である。


今からちやうど十年前の、春の或日の明るい午前に、私はフィレンツェの画廊を行き廻つて、あの有名なボティチェリの、海の姫神の絵の前に立つて居た。さうして何れの時か我が日の本の故国に於ても、『桃太郎の誕生』が新たなる一つの問題として回顧せられるであらうことを考へて、独り快い真昼の夢を見たのであつた。[23]

珊瑚海を取巻く大小の島々には、文化のさまざまの階段に属する土民が住み、その或者は今も鬼ケ島である。しかも彼等の中にすらも、やはり昔話は有るのである。それと我々の珠玉の如く、守りかゝへて居た昔話との間に、果して悠久の昔から、何等の相交渉するものが無かつたと言へるかどうか、是は世界の謎であり、しかも我々日本人ならば、いつかは解き得べき謎でもある。私は幸ひにしてこの島々の新たなる資料が、ほゞ公共の財産となるの日を迎へ得るならば、もう一度この旧著を読み返して、改めて是が保存に値するか否かを決したいと思つて居る。人が家々の祖神の神話として、たしかに信じて居た時代が曾てはあつたといふ点ならば、寧ろ未開の民の間にその痕を見つけやすいであらう。それに争ふべからざる両者の類似がもし有りとすれば、記録こそは少しも無いけれども、一度は共に住んで教へ合つたことがあるか、さうで無ければ人間の自然の性として、いつかは同じ様な空想に遊ぶ階段を経、しかもその思ひ出を永く失はないといふ

癖を共通にして居るのである。㉔

つまり、同じ書物でありながら、サンドロ・ボッティチェッリの絵画『ヴィーナスの誕生』のなかに、海からくる神々の原イメージを見て取ることで立ち上がった「桃太郎論」が、「南方」に桃太郎と類似した民譚はないか、という関心へと全く違う方向に文脈が作り替えられていることがわかる。いわゆる「大東亜共栄圏」内に「内地」の民話に似たプロットの説話を見いだすことは、すなわち一つの文化圏の所在の証明になり、日本による植民地支配の正当性の根拠になるというロジックはこの時期、特徴的な言説である。表１の「桃太郎」広告のリレーがなされる期間に限っても、台湾に類似した説話がある旨の記事が掲載されている（図３）。

また、広告にはないが、民俗学系の「桃太郎」関連書としては、高木敏雄『日本神話伝説の研究』㉕、南方熊楠『南方随筆』㉖もいずれも一九二五年、二六年刊行の旧刊の復刊がこの時期になされている。この二著がともに桃太郎についての論考を含んでいることも、そのタイミングや、同社がこの時期、人種論的な日本人論の刊行に熱心だったことを考えたとき、偶然とは言いきれなくなっている。先の「桃太郎の現代史」を含む『少国民文化論』も四五年初頭の刊行で、巌谷小波と柳田國男の桃太郎論への言及がある一方で、アニメ『海鷲』の型の崩れ、つまり桃太郎の基本プロットの揺らぎを指摘する。その影響は不明だが、『海鷲』と比して『海の神兵』のほうが「桃太郎」プロットの構造に忠実なのは確かである。

また、先の「桃太郎」広告一覧には「撃ちてし止まむ」の文字が散見するが、これは第三十八回陸軍

戦時生活
台湾の桃太郎 上
太陽征伐
山崎部隊長の手記

図3　桃太郎に類似した台湾の説話の紹介記事「戦時生活 台湾の桃太郎 上」
（出典：「東京朝日新聞」1963年6月3日付、4面）

記念日のスローガンで、「撃ちてし止まむ週間」と題し、同年四月上旬映画『敵機空襲』（監督：野村浩将／吉村公三郎／渋谷実）が上映されたからである。このフレーズも映画広告だけでなく、吉本楽劇隊の陸軍記念日特別公演などの広告、「婦人公論」、「週刊朝日」（朝日新聞社）など雑誌表紙コピー、企業広告、吉川英治『撃ちてし止まむ[27]』、大木惇夫の詩[28]と、やはり文学や詩も動員されている。配布されたポスターは五万枚、なかでも有楽町の日劇ビルの百畳大の朝日新聞社による巨大写真ポスターはあまりに有名である。まさにユビキタスメディアミックスだが、その「撃ちてし止まむ」の読売新聞社による銀座三越前の巨大ポスターが横山隆一の描く桃太郎で

図4　横山隆一による銀座三越前の桃太郎巨大ポスター
（出典：「大漫画で“撃ちてし止まむ”」「読売新聞」1943年3月2日付、3面）

図5　横山隆一による学校配布用フクちゃん鬼退治ポスター
（出典：「3月10日陸軍記念日 撃ちてし止まむ 街頭宣伝展示を観る」「宣伝」1943年4月号、グラビアページ）

あり、鬼がイギリス・アメリカの国旗のパンツを履いている（図４）。またフクちゃんが鬼を退治するポスターも学校向けに配布された（図５）。

このように二つのアニメ『桃太郎』は、戦時下のユビキタス的な「桃太郎」の多メディア露出のなかにあった。そこでは鬼はイギリス・アメリカに例えられるが、鬼ヶ島は南方の共栄圏が配される。その植民地解放者としての日本＝桃太郎という宝塚歌劇や『海の神兵』に描かれたモチーフからなる「桃太郎」劇が、日本支配下の南方で現地の人々によって上演されている。

図6　日本統治下シンガポールで宣撫工作として上演された「桃太郎」
（出典：小出英夫「「桃太郎」誕生記――支那少女歌劇の「桃太郎」」『南方演芸記』新紀元社、1943年、グラビアページ）

新興キネマの大泉撮影所企画部長で、舞台の脚本家でもあった小出英男はシンガポールで宣伝活動に従事し、その体験を『南方演芸記』として刊行している。そのなかで、同地で「支那少女歌劇団」によって「桃太郎」を上演させたことが記されている（図６）。

脚本から鬼はイギリス・アメリカ、桃太郎は解放者であることを確認しよう。

桃太郎　やい、世界の平和をさわがす悪党どもめ、人に代つて征伐してやる、覚悟しろ！
ローズベル　はははは、何を日本のチビめが、生意気云ふな、世界をさわがさうとどうしようと貴様の知つたことか！
犬　よくも貴様達は海を渡つて、アジアへ侵入し、アジアの宝をかすめ盗つたな！(29)

小出は現地の人々を主導し、このような解放者日本の桃太郎を上演させたが、しかしこれに加えて、マライのオペラ劇場のオペラ劇、そして北京劇の劇団も前後して、自ら進んで同地で「桃太郎」を上演したという。注意すべきは小出がこの三つの同時上演をこう総括していることだ。

この「桃太郎」上演は、恐らく日本に対し、皇軍に対しての彼等の「お世辞」だつたかも知れない。けれども仮令出発は「お世辞」であつても、是により先づ日本の精神に触れた事は事実だ。殊に悪くない成績を示したのであるから、興行と云ふ上からも、更に日本の芝居に手をさしのべて行くであらう。そして次第に「お世辞」を忘れ、日本の芝居により、日本を、日本の精神を理解し、民衆に伝へて行つてくれれば、喜びこれに勝るものはない。(30)

つまりは日本統治下に入った現地の人々の「お世辞」すなわち、忖度だったことを小出は理解している。しかしその忖度は、いずれ彼らの本心へと転嫁していくとも平然と述べる。

このような「南方」で、桃太郎を解放の英雄として描く歌劇が上演されたことと、『海の神兵』がその作中に占領地での日本語教育のシーンやジャワ式の影絵劇による桃太郎の解放の英雄化を描くシークエンスがあり、明らかに「南方」での上演を想定していたことは無縁ではない。今村太平がディズニー式アニメーションを「武器」として説いたのは知られるが、日本軍が侵略していく先々でディズニーが上映されていることに軍の危惧を煽り、「南方の民族」(31)向けにミュージカル様式の採用さえ提言している。そのため、小出が報告する忖度された「桃太郎」はいずれ『海の神兵』とリンクしていく可能性はあった。

「翼賛一家」も共栄圏でのユビキタス化をもくろんだが、「桃太郎」もまた、二つのアニメ、二つの歌劇に加え、レコード、そして、いちいち言及はしなかったが桃太郎と共栄圏を結び付ける記事、「撃ちてし止まむ」のまんがポスター、加えて、柳田國男らの民俗学研究書を用意する形で、ユビキタス展開されている。表に示した新聞広告もユビキタス性を支えるという図式になっている。

手塚の処女作が「翼賛一家」版「桃太郎」でありうる可能性は、こういった「桃太郎」のユビキタスメディアミックスの最末尾にそれが位置された可能性を考えうるからである。

しかし、このような戦時下メディアミックスのユビキタス性を考えるうえで重要なのは、『海の神兵』もまた、「桃太郎」以外の様々なユビキタス的戦時下表象を搭載するツールである、という点である。戦時下のユビキタスメディアミックスの特徴は、既に指摘したように、ワードや表象が多メディアに連動して展開されることだが、それがキャラクター／コンテンツメディアミックスと異なるのは、小説や詩のタイトルや一節、雑誌や広告の宣伝コピーのなかに組み込まれる、言い方を換えれば他メディアに「引用」される点にある。

そう考えたとき、『海の神兵』のなかの「桃太郎」以外の様々なイメージの「引用」にあらためて注意を向ける必要がある。

手塚治虫は『海の神兵』をリアルタイムで観て、その印象を「文化映画[32]」のようだと日記に書き残していたことは知られる。この場合、手塚が感じた「文化映画」性とは何なのか。一つは「一種の記録」とも形容していたことから推察できる「非ストーリー様式」である。記録映画は「ストーリー様式」の採否によって、時代劇などの大衆文化からキャラクターや世界を借用した劇映画と区別され、前者のほうが「芸術的」と見なされていた。一方で手塚は、物体をあらゆる角度から描くカメラワークの所在にも注目している。それはワンショットでのカメラワークだけでなく、複数のカットでのカメラアングルの変化でもあることは九コマのカメラ位置がカットごとに変化する手塚の習作『勝利の日まで』に表現される機銃掃射場面から推察される。

しかし、手塚が感じた「文化映画」性は『海の神兵』での様々な文化映画からの引用が作用してはいないか。何度も指摘したように『海の神兵』のなかにはナチスの記録映画監督レニ・リーフェンシュタールを彷彿させる無名の兵士たちのローアングル、ロシア・アヴァンギャルドのアレクサンドル・ロトチェンコを彷彿させる塔の鋭角的表現、セルゲイ・エイゼンシュテインを連想させるレイヤーと透過光によって再現される夕暮れや戦闘機の飛行場面など、当時の「記録映画」で特徴的な映像技法の「引用」がなされている。

引用されているのは「技法」だけではない。ショットや場面などの映像レベルでの直接的「引用」も多様である。そのなかでもユビキタス化している例として、『海の神兵』で、桃太郎が「鬼」たちに無条件降伏を迫る場面がある（図7）。これは、日米開戦より早く一九四一年十一月六日に始まる日本軍による蘭印作戦の最初にな

図7　無条件降伏を迫る桃太郎
（出典：瀬尾光世『桃太郎 海の神兵』松竹動画研究所、1945年）

図8　山下・パーシバル会談を封じる写真ニュース
（出典：「同盟写真ニュース」1942年2月24日号〔第1688号〕、同盟通信社）

るマレー作戦で、翌四二年二月十五日のシンガポール陥落後、陸軍山下奉文将軍と、イギリスのマラヤ司令官だったアーサー・パーシバルらとの降伏交渉のくだりのあまりに有名なシーンの「引用」である。この場面はニュース写真（図8）、ニュース映画（図9）、あるいは戦争画（図10）などの画像だけでなく、戦記物の文章としても繰り返し表現される。『海の神兵』は海軍省の後援によって製作されたが、四一年一月十一日、海軍単独によるセレベス島メナドへ空挺作戦を描く。しかし、報道が差し置かれ、陸軍が二月十四日、先のバレンバン上陸作

図9　山下・パーシバル会談を封じるニュース映画
（出典：『日本ニュース』第90号、日本映画社、1942年2月23日）

図10　宮本三郎の戦争画「山下、パーシバル両司令官会見図」
（出典：朝日新聞社編『大東亜戦美術』朝日新聞東京本社、1943年）

戦を決行、その戦果が大本営として発表され、これが記録映画『空の神兵』（監督：渡辺義美、一九四二年）で描かれ、同名の音楽もリリース、メディアミックス化がなされていた。山下将軍の場面ともあいまって、落下傘部隊＝陸軍＝空の神兵というイメージがつくられた。『海の神兵』は、それを修正すべく海軍落下傘部隊を「桃太郎」の指揮下とし、「鬼」との降伏交渉に当たらせたのである。つまり誰でも知っている、どこにでもあるユビキタス的表象を「引用」し、海軍落下傘部隊の指揮官として「桃太郎」と差し替えることで「空の神兵」を「海の神兵」に作り替えたのである。

『海の神兵』での引用はこれにとどまらない。例えば、航空部隊の出撃準備から空爆までを描く記録映画『海鷲』（撮影・編集：井上莞、芸術映画社、一九四二年）は、多くの細部が『海の神兵』に「引用」されている。前線基地での兵器の手入れ、休息、偵察機の出撃と帰還、一同整列して出撃、帽子を振って見送る整備兵士、機中から見た戦闘機の重層的な配置や暗い内部から見た光のコントラストといったシークエンスやカットなど、『海鷲』と『海の神兵』は落下傘降下シーンを除いて、一連の流れも含め、細部の「引用」で対応関係にある。例えば、慰問品の人形が出撃した機内につるされている印象的なシーンは『海鷲』からの引用である（図11・12）。鳥籠を挟む場面転換は小津安二郎風であり、猿キャラクターの身体が戦闘機化するくだりはディズニーからの引用である。

こうしてみたとき、ロラン・バルトを持ち出すのは唐突かもしれないが、『海の神兵』は一つの「引用の織物」[33]としてある。そして『海の神兵』の、このような「間テクスト」性、そして、その引用の編集そのものが最終的には戦時下のテクストのあり方ではなかったか。

そう考えたとき、筆者が何度も問題にしてきた手塚治虫の習作『勝利の日まで』の性格もまたはじめて正確に表現できる。

まず、この習作は最低でも三作の映像、すなわち、情報局監修の記録映画『勝利の日まで』（日本映画社、一九四三年）および成瀬巳喜男監督の喜劇映画『勝利の日まで』（東宝、一九四五年）、そして『海の神兵』が参照され

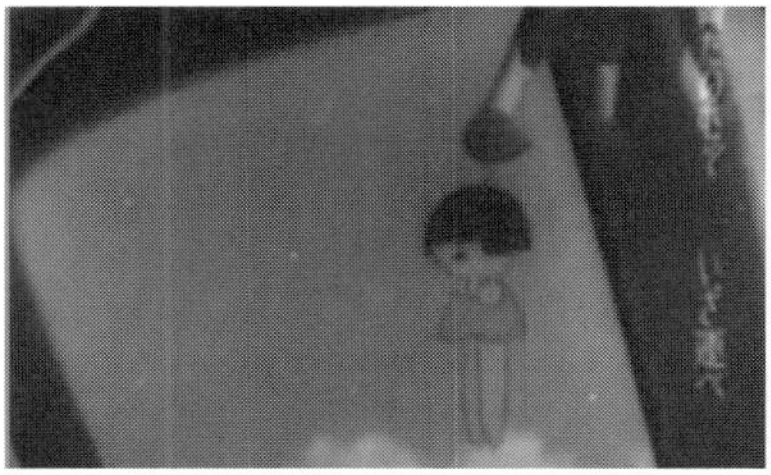

図11　アニメ『海の神兵』における軍用機内の人形
（出典：前掲『桃太郎 海の神兵』）

図12　記録映画『海鷲』における軍用機内の人形
（出典：井上莞『海鷲』芸術映画社、1942年）

ている。また喜劇映画『勝利の日まで』は喜劇役者総動員というキャスティングだが、十五年戦争下の日米まんがアニメのキャラクター総動員という手塚版の趣向に借用されている可能性は高い。「笑慰弾」という、焼夷弾から喜劇役者が飛び出して笑いをもたらすという成瀬『勝利の日まで』の喜劇映画性に対して、リアリズムの焼夷弾の威力を描いて終える手塚の批評性の動機になっている可能性は既に指摘した。

他方、勤労奉仕を主題とする記録映画『勝利の日まで』も念頭にあったことは工場で労働するヒゲおやじの予告カットが残ることからうかがえるが、焼夷弾などの表現は防空映画とも呼ばれた「焼夷弾」を題材とする様々な記録映画の引用からなると考えられる[34]。

また、空襲への防災描写は、焼夷弾を題材とする防空映画だけでなく、防空パンフレットの類いに示された防空段取りの挿画とも重なる[35]。アメリカ軍機の機影を判別する際の画像は、子ども向けに配布された敵機識別用のマニュアルを引用した可能性がある[36]。

空襲に対する防災の実践というテーマとシークエンスごとにタイトルが入る構成は文化映画、記録映画にみられるフォーマットである。

加えて、十五年戦争下のキャラクターの総動員であることは既に触れたが、テーマが防空であり、舞台が「町内」、そして大和賛平が空襲下の町内の指揮をとっていることから、手塚版『勝利の日まで』の「世界」観は、大政翼賛会のメディアミックス用作品「翼賛一家」がいる町内だと判断できる。

他方、スローガン「勝利の日まで」は同名の記録映画の製作は一九四三年だが、戦時歌謡、喜劇映画が三四年末から四五年初頭に多メディア展開され、レコードは「音響文化賞」を受賞、広告コピーへの散発的な展開も確認できる。

そして一つの仮説として述べるのだが、これらの参照元である戦時下の多様な国家広告は互いにリンクし合いながら、報道技術研究会が唱えた「内面的な報道体系」として手塚少年のなかにあったのではないか。そのとき、手塚版『勝利の日まで』は、互いに参照し引用し合い「引用の織物」化している戦時下の間テクスト的な情報空間そのものであるように思える。もはや踏み込む余裕がないが、徹底した「協同」化が求められる戦時下の表現者は、そのために作者の固有性を否定され、他方ではプロパガンダの創造に協同的に参画することが推奨され、その枠組みのなかではプロもアマチュアも等しくある。そのような「協同」化する表現こそが戦時下メディアミックスであり、表現はすべからく「引用の織物」化する、あたかもポストモダン的な表現空間が成立していたといえる。

ゼロ年代以降の浅はかなクールジャパン議論で、日本は先進資本主義国のなかでいち早くポストモダンに突入したという俗説が喧伝されたが、なるほど、それはかつての戦時下で既に達成されていたのである。

注

(1) マーク・スタインバーグ『なぜ日本は〈メディアミックスする国〉なのか』大塚英志監修、中川譲訳（角川EPUB選書）、KADOKAWA、二〇一五年、一八一―一八五ページ

(2) 粟屋義純『戦争と宣伝』時代社、一九三九年

(3) 小林太三郎「メディア・ミックス」、深見義一編集代表『広告政策』（「マーケティング講座」第四巻）所収、有斐閣、一九六六年、七七ページ

(4) 前掲『なぜ日本は〈メディアミックスする国〉なのか』七五―七六ページ

(5) 大塚英志『大政翼賛会のメディアミックス――「翼賛一家」と参加するファシズム』平凡社、二〇一八年

（6）今泉武治「印刷報道に於ける技術構成体」、報道技術研究会『印刷報道に於ける技術構成体』（「報道技術研究」第五輯）所収、報道技術研究会、一九四二年、一―二ページ
（7）大政翼賛会文化部編『大東亜戦争愛国詩歌集（1）詩歌翼賛特輯』目黒書店、一九四二年
（8）高村光太郎『詩集 大いなる日に』道統社、一九四二年
（9）太宰治『女性』博文館、一九四二年
（10）前掲「印刷報道に於ける技術構成体」一ページ
（11）前掲『なぜ日本は〈メディアミックスする国〉なのか』三二―三三ページ
（12）前掲『大政翼賛会のメディアミックス』一九四―一九五ページ
（13）手塚治虫／馬場のぼる／竹内敏晴／富田博之「座談会 マンガの発見」「民話」一九六〇年五月号、未来社、八ページ
（14）石原万岳『日露戦争ぽんち 桃太郎のロスキー征伐』冨山房、一九〇五年
（15）芥川龍之介「桃太郎」『芥川龍之介全集』第四巻、岩波書店、一九二七年、二一七ページ
（16）尾崎紅葉、大橋新太郎編輯『鬼桃太郎』博文館、一八九一年
（17）「芥川の〝桃太郎〟は御法度」「東京朝日新聞」一九三八年三月八日付
（18）石川達三「生きてゐる兵隊」「中央公論」一九三八年三月号、中央公論社
（19）菅忠道「桃太郎の現代史――児童文学の伝統と新風に寄せて」、日本少国民文化協会編『少国民文化論』所収、国民図書刊行会、一九四五年、一六三ページ
（20）西村眞琴原案、内海重典「全日本保育連盟後援 お伽歌劇 桃太郎の凱旋 全六場」「宝塚歌劇脚本集」一九四二年六月号、宝塚歌劇団出版部、二四―二五ページ
（21）柳田國男『桃太郎の誕生』三省堂、一九四二年
（22）巌谷小波、巌谷栄二編『桃太郎主義の教育新論』文林堂双魚房、一九四三年
（23）柳田國男「自序」『桃太郎の誕生』三省堂、一九三三年、四ページ
（24）柳田國男「改版に際して」、前掲『桃太郎の誕生』一九四二年、二―三ページ

(25) 高木敏雄『日本神話伝説の研究』荻原星文館、一九四三年

(26) 南方熊楠『南方随筆』荻原星文館、一九四三年

(27) 吉川英治、文化奉公会編、陸軍省報道部監修『撃ちてし止まむ』川流堂、一九四三年

(28) 大木惇夫『神々のあけぼの――大東亜戦争頌詩集』時代社、一九四四年

(29) 小出英男「「桃太郎」誕生記――支那少女歌劇の「桃太郎」」『南方演芸記』新紀元社、一九四三年、二二六ページ

(30) 小出英男「「桃太郎」誕生記――北京劇の「桃太郎」」、同書二六四ページ

(31) 今村太平「漫画映画論」『戦争と映画』第一芸文社、一九四二年、一五三ページ

(32) 手塚治虫「思い出の日記（昭和二十年）」『手塚治虫大全』第一巻、マガジンハウス、一九九二年、四五ページ

(33) ロラン・バルト『物語の構造分析』花輪光訳、みすず書房、一九七九年、八五―八六ページ

(34) 例えば、理研科学映画『焼夷弾』（演出：西尾佳雄、一九四三年）、『焼夷弾爆撃』（監督・演出：和田敏三、一九四四年）、「焼夷弾の威力」（『日本ニュース』第百四十二号、一九四三年二月二十四日）、日本映画社『防空読本・救護篇』（監修：東京市防衛局、一九四三年）、同『敵の焼夷弾を発く・防空情報』（演出：石田三智雄、一九四五年）、同『爆弾と待避所』（演出：松村清四郎、一九四五年）など。

(35) 大日本防空協会帝都支部編『隣組防空絵解』大日本防空協会帝都支部、一九四四年

(36) 読売新聞社編『敵機一覧 昭和十九年版』読売新聞社、一九四四年

第3章　『桃太郎 海の神兵』の異種混交性

――テクストの越境性とナショナリズム言説について

堀　ひかり

はじめに

日本政府のクール・ジャパン政策や、「日本が世界に誇る」アニメ・まんがという感情的な語りを背景とし、アニメーションは日本文化が結晶化したメディアとして、愛国的かつ排他的な言説で捉えられがちである。こうした文脈で、国策長篇アニメーション『桃太郎 海の神兵』（監督：瀬尾光世、一九四五年）は日本アニメーション史の金字塔、また戦後日本アニメの原点として単一国家史（ナショナル・ヒストリー）の枠のなかで語られることが多い。

しかし、本章では『海の神兵』を、国民・国家の統合的アイデンティティーを具現化した「ナショナル」なテクストであると同時に、映画的言説や視覚文化（写真、絵画など）といった日本の内外の文化的テクストが織り成すネットワークのなかでこそ生成しえた「メディア越境的」「トランスナショナル（国家越境的）」なものと捉えている。

本章では、『海の神兵』を異種混交性、越境性という観点から論じるにあたって、最初に、かつて監督・瀬尾光世が語った「日本漫画映画の型」という言葉に着目しながら、本作の社会的・映像史的位置について確認する。次に、本作のイギリス・ドキュメンタリー映画理論の受容を論じ、最後に、ディズニー映画『ファンタジア』(一九四〇年。日本一般公開は一九五五年)との関係性をフルアニメーションという点から論じる。(1) そして、政治的・文化的統合体としての「日本」に形を与えたはずの国策映画『海の神兵』は、国家的アイデンティティーというものが一見すると単一志向に見えながらも、その実体は常に異種混交的で、多様な要素の集合体であることを逆説的に論証してしまうことを強調したい。

1 「日本の漫画映画」を確立したい

瀬尾光世は、映画の看板描きのアルバイトをしていた一九三〇年頃、浅草で見つけたミッキーマウスの「おもちゃ映画」をきっかけに、アニメーション作りに関わり始めた。おもちゃ映画というのは、家庭での娯楽用の簡便な映写機や、その映写機で上映する一分ほどの非常に短いフィルムのことを指していて、そのフィルムには、日本の劇映画の有名なシーンやアニメーションが素材になっていた。(2) この後、瀬尾はプロレタリア映画運動を経て、少人数グループによる製作をおこないながら、芸術映画社に参加した。そこで製作した、当時の日本のアニメーションとしては格段に上映時間が長い『桃太郎の海鷲』(監督：瀬尾光世、一九四三年、三十七分)は、海軍の後援で劇場公開が可能になったこともあり大ヒットする。その後、瀬尾は活動場所を松竹に移し、『海の神兵』(七十四分)を製作した。

さて、瀬尾は『桃太郎の海鷲』の封切り直後の一九四三年初夏、映画雑誌の座談会で、『海の神兵』製作にあたって次のような抱負を述べている。

アメリカの漫画映画の型――アメリカで完成された漫画映画はこなくなつた。それで漫画映画作家はいいチヤンスを与へられている。いま日本の漫画といふ型を確立すべき時期にきていると思う。かういふ時期にみんな寄り集つて、漫画映画を確立すべきだと思ひます。(3)

日米開戦のためにアメリカ映画が上映されなくなったことを契機とし、「日本の漫画といふ型」を作り上げたいという瀬尾の言葉は、日本の作品が「アメリカ漫画映画」の影響下にあり、そこから脱するべきという気概を伝えている。

一九三〇年代後半の日本のアニメーション製作は、かつて佐野明子がまとめたように、「アメリカ志向」(アメリカ作品の滑らかな動きと三次元的空間の規範化)と「日本志向」(日中戦争開始後の国家的・国民的アイデンティティーを希求する傾向を背景とし、日本的な作品製作の追求)のはざまに置かれたわけだが、(4)この傾向は四〇年代にも引き継がれ、日米開戦で頂点に達した。もともと瀬尾の『桃太郎の海鷲』は、フライシャー・スタジオの『ポパイ』シリーズ(一九三三―四二年)のキャラクターのパロディー、伸縮自在のキャラクターの動き、ギャグ、アクション、音楽との調和など、まさに「アメリカ志向」というべき要素を総動員しながら、日本の戦果である真珠湾攻撃の成功を描いた。しかし、『海の神兵』ではそうした要素は後退し、前作『桃太郎の海鷲』はもとより、従来の多くの日本のアニメーション作品とは異なっている点が多々あった。政岡憲三が参加して一つのパートを監督するという製作スタイル、フルアニメーションへの一層のこだわり、「透過光」や「プレスコ」といったアニメーションのメディア独自の技術的実験がただちに挙げられる。(5)加えて、後述する「文化映画」理論の受容も注目すべきである。そもそも、瀬尾にとって『海の神兵』はどう概念化されたのだろうか。

2　「日本の漫画といふ型」「新しいタイプ」としての『海の神兵』

『海の神兵』は、インドネシアのスラウェシ島（当時のセレベス島）での一九四二年の海軍落下傘部隊の活躍を描いたものである。『桃太郎の海鷲』では芸術映画社の片隅に机を並べて四人で「漫画映画」の製作にあたっていた瀬尾だったが、[6]作品の大成功の後、当時の日本の二大撮影所の東宝と松竹の両方からオファーを受け、四三年九月に松竹に移籍する。[7]先輩格の政岡憲三が既に松竹漫画映画部に迎え入れられていたことも理由の一つだった。瀬尾は松竹で、四三年の終わり頃から『海の神兵』の製作にとりかかる。破格の製作体制を保証した松竹だったが、応召や徴用によって男性スタッフが五十人から三、四人に、女性スタッフは三十人から十五人ほどにまで減り、製作環境は当初の期待を裏切り厳しいものになった。作品は四四年十二月に完成し、海軍の検閲を受け、製作側が削除・修正を施し、四五年二月に納品され、[8]同年四月十二日に公開された。製作費二十七万円、セル枚数五万枚、一年二カ月の製作日数をかけて作られ、当時の日本としては最長である七十四分間のアニメーションである。[9]

松竹で作品の完成を間近とした一九四四年秋、瀬尾は『海の神兵』について次のように語った。

> ある程度の文化映画的実証性を取り入れる心算であるが、それとてもあまりに娯楽的要素に欠けていては漫画映画の本質を失うし、娯楽的要素と文化映画的要素の巧みな融合が芸術性を介して新しいタイプを生み出したいと思っている――映画は戦争とともに進み、戦争によって絶えず新しい方向を生む。[10]

ここでいう「新しいタイプ」とは、前述の瀬尾の発言にあった「日本の漫画といふ型」とも読み替えられるだろう。では「文化映画的要素」「娯楽的要素」「芸術性」の意味するところは何か。

「文化映画」というカテゴリー自体、当時も、その定義について決着をみないまま論争が繰り広げられていたが、一九四〇年前後の日本の映画界で急激に拡大した「文化映画」を考察するにあたって、まずは、瀬尾が四、五年ほど在籍した芸術映画社（略称：ゲス〔GES〕）の存在はきわめて重要である。芸術映画社は企業や政府の委託作品を引き受けながらも、実験的な自主製作作品を世に問い、雑誌「文化映画研究」を発行し、ジャンルの批評的・理論的な支柱になったからである。そこで、まず同社の概略を示すことから始めたい。

瀬尾が芸術映画社に参加した背景は、彼がアニメーション製作の場として関わったプロレタリア映画運動（以下、プロキノと略記）の人脈による可能性が高い。プロキノは一九二八年頃、佐々元十、岩崎昶らが中心になって、映像製作を労働者運動の啓発、組織化に組み込んで展開していた。(11) 早くから小型カメラを用いた機動力がある撮影をおこない、撮影した映像を工場地帯や地方都市で映写し、都市部で上映会を企画した。実際に起きた出来事を報道する映像ならではの臨場感を武器に、政治的メッセージを伝えるという意味でドキュメンタリー映画の先駆的な例である。

加えて、プロキノはアニメーションというメディアがもつ幅広い層の観客への訴求力にも早くから着目していた。「プロレタリア映画の夕べ」という映画上映会をおこなった際、上映作品の一つだった童映社製作の影絵映画『煙突屋ペロー』（一九三〇年）が人気を博し、(12) プロキノは自主製作アニメーションを企画することになり、瀬尾はそこで働いていた。(13) 共産主義思想を掲げるプロキノは、関係者の逮捕などによって一九三四年頃には解散を余儀なくされ、瀬尾は、その後、政岡に師事したり、独自の会社を立ち上げたりするがそれも解散し、芸術映画社に合流した。(14)

芸術映画社の創立者・大村英之助の人脈から、厚木たか、イ・ビョンウ（日本名は井上莞）といった元プロキノ関係者が迎え入れられたので、瀬尾が入社したこともプロキノからのつながりと考えられる。もっとも、瀬尾の政治信条についての確たる記録はない。瀬尾の芸術映画社での作品は少なくとも十四作ほどあり、なかでも公開年が明らかになっている作品で最も早いものが一九三八年の『わかもと行進曲』（内容不明。広告と推測される）であることから、瀬尾の入社は遅くともその頃と推定される。[15]

芸術映画社は文部省などの委託作品を受注する一方、自主製作のドキュメンタリー『雪国』（監督：石本統吉、一九三九年）や『或る保姆の記録』（監督〔戦後版のフィルムクレジットから〕：水木荘也、一九四二年）といった佳作を世に送り出した。前者は東北の豪雪地帯を紹介する長篇で、雪国の人々の生活を一年半という長期にわたり密着取材して春夏秋冬を描き出すという手法はきわめて斬新なものだった。後者は、町工場が多い地域の保育所を、やはり一年以上取材したうえで、子どもや働く母親たちの姿を生き生きと描き出して高く評価された。同社のイ・ビョンウによる『空の少年兵』（撮影・編集：井上莞、一九四一年）もまた、落下傘部隊の訓練風景を紹介して高評価を得た。

このような芸術映画社のなかに二つのジャンル「文化映画」と漫画映画が同居するのは、一見すると奇妙な組み合わせにみえるものの、実際、「文化映画」には地図や統計グラフなどが積極的に組み込まれ、「線画」と呼ばれたアニメーション技術が不可欠だったことから、芸術映画社で瀬尾は「文化映画」が必要とする線画も担当した。[16]

3　芸術映画社と「文化映画」

では、「文化映画」とは何を指したのか。ちなみに映画法では、「国民精神ノ涵養又ハ国民智能ノ啓培ニ資スル映画ニシテ劇映画ニ非ザルモノ」（施行細則第三十五条）としていて、当時の映画統制のイデオローグである津村秀夫は、「日本の文化映画は独逸のウーファ社の文化映画（クルトューア・フィルム）をも勿論含んでいるが、然し又観光映画も教育映画も科学映画も記録映画も官庁の宣伝映画」をも含むと説明する。しかし、その定義や呼称が常に議論の的であり、そしてついに決着をみなかったことは、プロキノ出身の批評家・岩崎昶の「文化映画論の最初の問題は、いつも文化映画とは何か？である」[17]という文章に記されているとおりである。

日本で「文化映画」というカテゴリー名称が使われ始めた正確な時期はわからないが、一九三五年に東和商事が文化映画部を作り、『アラン』（監督：ロバート・フラハティ、一九三四年）を配給した頃と考えられる。[18]その後、日中戦争を背景としたニュース映画の興隆に伴い、「文化映画」の製作は急激に拡大した。一巻物と二巻物が「粗製濫造」され、二百社以上の文化映画製作会社が登場、[19]三九年から四四年までに合わせて千七十三本が文部省によって文化映画と認定されるに至った。[20]

一九四〇年前後は、経営上の効果も含めて「文化映画」への期待が高まり、それは東宝のプロデューサーが「東宝の映画製作の八割が劇映画、二割が文化映画だが、その割合が逆転されるだろうし、そうあるべきだ」と熱く語ったという例にもうかがえる。[21]このような製作数の増大を背景に三八年に出版されたポール・ローサ（戦中の訳語はルータだが、戦後の一般的な呼称としてローサと記す）著、厚木たか翻訳の『文化映画論』（原題 *Documentary Film*）は、勃興した新ジャンルにおける「方法論」という新たな視座を製作者に与えた。[22]イギリス・ドキュメンタリー運動の中核にいたローサは、ソビエト、ドイツ、フランス、イギリスなどの作品を紹介・論評することでドキュメンタリー映画の現在地点を示すとともに、演出、製作について論じ、日本の作り手たちは「あの本に置換へるべき理論体系を持つた本が今だにない」「僕らが手に入れることが出来た最良の地図」[23]と熱意をもって迎えた。「セットや役者を使はないで実際の世の中の人間を撮」る映画製作の方法論を模索していた映画人の共感を呼び、[24]亀井文夫は「われわれの孤独な仕事の仕方に自信を与えた」[25]と強い支持を表明している。

ところで、ローサの映画論でしばしば議論の俎上に載ったのは「現実の創造的劇化（the creative dramatisation of actuality）」という言葉だった。[26]素人《しろうと》を演技者として起用し、彼らの内面をカメラに映し出すことによって、「社会分析の表現（the expression of social analysis）」が可能になり、リアリティーが生まれるとするローサの主張は、日本では「劇化（dramatisation）」するという点、つまり素人が俳優として演じるという点が強調されたようである。[27] 例えば、岩崎は「劇化」という言葉だけが独り歩きして議論されていることを批判し、「文化映画に於ても、ある程度の創造的な作為は必然」と認めながらも、亀井文夫監督の『戦ふ兵隊』（一九三九年）の「前線のある中隊本部[28]」の場面は行き過ぎではないかと論じた。もっとも、当時のイギリス・ドキュメンタリー映画そのものについては、岩崎と芸術映画社の数人の社員が、イギリス大使館での特別上映で数本を視聴したにすぎず、評論をするにも、いかんせん仮説や概念だけが独り歩きせざるをえない状況ではあった。[29]

ちなみに、「現実の創造的劇化」とは何を意味したのか。好例は、ローサが著書で言及した『住宅問題（*Housing Problems*）』（監督：アーサー・エルトン／エドガー・アンステイ、一九三五年）である。イギリス・ドキュメンタリー運動の傑作の一つに数えられる本作は、スラムの住宅の不衛生さ、健康や建築上の危険を赤裸々に描き出し、重要な社会問題として世論の注意を喚起するものだった。この映画の見どころは、スラム住人の中年女性が自宅のテーブルに向かって座り、身ぶり豊かにネズミの害を真剣かつ饒舌にカメラに向かって語る場面である。簡単なリハーサル後に撮影されたシーンなのだが、当事者がシナリオどおりの演技をするのではなく、自身の経験を語るうちに、思わず熱がこもってドラマチックな訴求力が生まれ、結果として社会問題がきわめて効果的に伝えられた。つまり、「事実の創造的劇化」とは、素人である当事者が自らの経験（事実〔actuality〕）を語り直すプロセスを通じて、ドラマが生まれていくこと（劇化〔dramatisation〕）を指す。『住宅問題』はその当時、日本で公開されなかったが、例えば、芸術映画社の自主製作『或る保姆の記録』をみると、イギリスのドキュメンタリー映画運動（British Documentary Film Movement）でジョン・グリアソンからローサに受け継がれた信条と共振するものがある。長期的に撮影スタッフが対象に関わりながら独自の視点から作品を作るというスタイルで、人々の生活のなかの住環境、労働環境、生活の実感を取り上げた。さらには、プロキノ出身の批評家・岩崎昶による、ドキュメンタリーは「社会的文化的役割」を果たすものであり、「主張性」「思想性」がなくてはならない、という主張とも共振する。[30] 実際、同作品はローサの理論書を実践に移したとも評された。[31]

芸術映画社は製作だけでなく、「文化映画研究」という雑誌を発行し、文化映画についての議論の発信地になり、人的ネットワークの中心になって言説空間の形成に寄与した。一九三九年には、ローサの翻訳者にして元プロキノの厚木たかが芸術映画社にシナリオ作家として参加している。[32] 量産されていた「文化映画」作品群には、撮影に監督が同行せず、作家性や映像のメッセージ性が追求されないものも多かったのだが、それらとは対照的に、取材を重ねてシナリオを構想し、撮影、編集という過程を丁寧にたどる芸術映画社の自主製作のスタイルは、ドキュメンタリーというジャンルの理論と実践の両方での実験的試みだった。

このように、一九三〇年代末から四〇年代初頭にかけて、「文化映画」の方法論、ジャンルの再定義、理論的研究で日本の震源地ともいえる芸術映画社内で、瀬尾光世は『アリチャン』(演出:瀬尾光世、一九四一年)、『桃太郎の海鷲』といった作品の製作にあたっていたのである。[33] 瀬尾が『海の神兵』を構想する際に用いた「文化映画的」という言葉は、単に実写によるリアリティーをもつ映像を指すだけではなく、前述の「文化映画」をめぐる「劇化」という演出の概念をも念頭に置いて理解する必要がある。

4 「文化映画的要素」と「娯楽的要素」

「文化映画的要素」という言葉に目を向けると、瀬尾はこれを「文化映画的実証性」とも言い換えていて、『海の神兵』の実証性は、まさに「文化映画」をめぐる議論で白熱した「創造的劇化」の手法によって伝えられたことがわかる。『海の神兵』の冒頭の字幕は、同作品が実際にインドネシアのメナドに降下した落下傘部隊の兵士からの聞き書きによるものであると記し、史実としての正統性と生々しい実体験の再現であることが強調されている。兵士の日常や落下傘部隊のメナド上陸をアニメーションというメディアが語り直しながら物語を進める点こそが、前述の「現実の創造的劇化」の試みといえるだろう。

ドキュメンタリー映画における「現実の創造的劇化」というローサの議論では、フセヴォロド・プドフキンの素人俳優論などを引きながら、映画中で素人が自分の経験を再現することで演技者として作品の深みやリズムの創造に寄与すると位置づけられていたが、『海の神兵』はそこにひねりがある。漫画映画であるため兵士自身は登場せず、アニメーションならではの〈擬獣化〉されたキャラクターが登場する。[34] そのサル、イヌ、キジ、クマたちは、独自の個性を与えられて造形された登場人物というよりは、むしろ個を排した集団的経験を具現化する存在だ。『戦ふ兵隊』『雪国』『或る保姆の記録』といった「文化映画」にもみられるが、突出した個性あふれる登場人物がプロットを牽引するのではなく、共同体の無名の人々が自らの経験を語り、再現し、集団の複数性を担う。兵士たちは田舎《いなか》に家族を残し、休暇を幼い弟と過ごす。戦地で子どもの写真を眺め、戦友の似顔絵を描き、小鳥をペットにしてかわいがる。一方では、使命を帯びて武者震いし、黙々と突撃する。彼らは抽象化された「兵士」とその「日常性」を表象している。

さて、『海の神兵』が「実証」的イメージをもつとすれば、それは製作時までの戦況における日本軍勝利の決定的イメージとして一九四二年、四三年に美化され、日本のマスメディアで反復され、喧伝され続けた三つの代表的な歴史的事件がモチーフとして盛り込まれているからである。すなわち、真珠湾攻撃（一九四一年十二月、しかし日本での一般メディアでの写真や実写映像の公開は翌年一月）、落下傘部隊のパレンバン降下（一九四二年二月）、山下奉文とアーサー・パーシバル会見（同年二月）が『海の神兵』のなかでは一つの物語に組み込まれている。この三つのイメージは、異なるメディアで様々な形で反復・補強され、広くメディアの受容者に浸透していく勝者としての日本軍、勝者としての日本人の自己イメージを構築する仕掛けであった。

例えば、落下傘部隊のパラシュートはリヒャルト・ワーグナーの音楽とともに「大輪の花」「白いバラ」としてニュース映画で繰り返し描かれ、[35] その映像をもとに鶴田吾郎は絵画『神兵パレンバンに降下す』を構想し、発表した。[36] 瀬尾もまた、輸送機の兵士たちのショットを描くにあたってニュース映像を参照している。[37] また、シンガポール陥落にあたって、山下中将がパーシヴァル中将に「イエスかノーか」と全面降伏を迫ったというイメージは広く知られていた。このように真珠湾攻撃を含む三つの代表的事件は、ニュース映像、絵画、紙芝居や絵本、劇映画といった各種マスメディアで繰り返し喧伝され、メディアスケープを構成しており、『海の神兵』はその一部でもあった。

真珠湾攻撃の記録映像について特筆すべきは、作戦を撮影したのがプロのニュースカメラマンではなかったため、手ブレなどから状況が理解しにくい約三十秒ほどの映像しか残らなかったことである。(38) この映像は、このときに撮影された写真と詳細な勝利のナレーションとともども編集され、一九四二年元旦に全国一斉に『日本ニュース』第八十二号の「特報」として公開された。

このように、断片的な記録映像しか存在しない状況で、真珠湾攻撃の具体的イメージを作り上げたのは、円谷英二の特撮で知られる劇映画『ハワイ・マレー沖海戦』（監督：山本嘉次郎、一九四二年）であった。映画の製作スタッフは、資料がほとんどないまま手探りで、ミニチュアの空母、戦闘機、真珠湾を作り、「真珠湾攻撃」という史実をより鮮烈に印象づけるための映像を創り上げたのである。しかし、ひとたびこの劇映画が公開されると、劇映画の映像が、日本人が共有する「実証的」記録に置き換わるという転倒が起きた。この転倒は、同映画を次々とほかのテクストが引用したためでもある。例えば、画家・藤田嗣治は東宝砧撮影所に作られたミニアチュアの写生に通い、作戦記録画『十二月八日の真珠湾』を製作し、(39) 瀬尾は『桃太郎の海鷲』に続いて『海の神兵』でも、雲の晴れ間から眼下に目的地が姿を現すというシークエンスをアニメーション化した。つまり、真珠湾攻撃のイメージの原点は、劇映画『ハワイ・マレー沖海戦』が作り出したフィクションであり、そのイメージが視聴者にとっての歴史的真実になりつつあった。

それでは、瀬尾が不可欠と見なしたもう一つの要素である「娯楽的要素」はどうか。前作の『桃太郎の海鷲』は、マッチ一本で敵の航空基地を爆破するような単純化された物語で、スピーディーな展開とアクション、ギャグ、死なない身体をもつ登場人物たちが観客を引き込む、心躍る世界を描き出したのに反し、(40)『海の神兵』はこうした意味での娯楽性で後退している。確かに、幼い三太が川で溺れたときの救出劇のスリルや、南の島での動物たちの基地建設のための労働や日本語教育の場面を含むミュージカル・シークエンスの躍動感といったアクション中心の場面には視覚的楽しみがある。もっとも後者については、これを娯楽と感じるのは植民主義的主体（日本人）であり、権力関係と差別意識に裏打ちされていることは言をまたない。

このような娯楽性の後退の一つの要因は『海の神兵』の登場人物が死すべき身体をもつ兵士として造形されていることにも関係する。ときには四足で駆け回った『桃太郎の海鷲』の「擬人化」されたイヌやサルたちとは異なり、『海の神兵』の〈擬獣化〉された人間としての動物たちは、死と隣り合わせの作戦行動や戦闘行為に参加する日本軍兵士として「演技」をし、死すべき身体性にとらわれている。

5 「芸術性」とフルアニメーション、そして『ファンタジア』

瀬尾は、「文化映画的要素」と「娯楽的要素」を統合し、新しいタイプの「漫画映画」を可能ならしめるのは「芸術性」であると述べている。『海の神兵』のなかで登場人物が死すべき身体をもつことによって、荒唐無稽なアクションありきの娯楽性は後退したが、死すべきゆえの重層的で複雑な心理表現が細やかに描かれている。そして、作戦行動の実証的描写と心理表現をつなぐ「芸術性」とは、瀬尾自身は定義していないが、フルアニメーション技術を指すように思われる。

フルアニメーション技術の一つの特質として人の目を引くのは、運動（motion）の滑らかさやリアリティーを実現する手段としてである。例えば、『海の神兵』での散らばり落ちるトランプの動きは後世の批評家が注目するところになった。一方で、この技術は登場人物の両義的な感情や内面性の表現の核ともなる。確かに、『海の神兵』では、例えばディズニーの『風車小屋のシンフォニー』（監督：ウィルフレッド・ジャクソン、一九三七年）が示すような喜怒哀楽が明快に定型化され、表情、仕草、アクションで伝えられる感情表現もあるのだが、瞬間的に心をよぎるような不安、捉えどころがない悲哀、温かい感情の流れ、決意といった複雑な感情が前景化され、それは死すべき生身の身体を獲得したキャラクターにこそ与えられている。

例えば『海の神兵』では登場人物の指や手、体の一部の動きの細やかな演出がなされる。輸送機でメナド上空まで運ばれる兵士のクマの抑えきれない高揚感が、左右交互に腕まくりをする動作で示されるところ。また、ウサギのパイロットが自分のペットの小鳥を慈しみ、鳥かごから出して、自分の指先にとまらせるとき、脱いだ手袋をくわえる仕草。クローズアップのサルが故郷の草原で休息しながらも、ゆっくりと目をつぶり落下傘部隊の一員として輸送機からの降下の瞬間を思う場面。偵察飛行から戻ったキジとウサギが同乗の兵士一人が戦死したことを報告した後、被弾して油が滴る飛行機の機体に二人で目を凝らす。こうした仕草のフルアニメーション技術は、無名で類型的な「一兵士」の心情を前景化し、ドラマとして情感豊かに伝えると同時に、突出したヒーロー性ではなく、キャラクターの類型性に視聴者の共感を促すことになる。

このような『海の神兵』でのフルアニメーション技術の追求から連想されるのは、海軍がアメリカの輸送船から接収し、日本の映画人ともども瀬尾が観たという『ファンタジア』である。アメリカ長篇漫画映画のディズニー『白雪姫』(監督:デイヴィッド・ハンド、一九三七年)は、外貨の持ち出し制限のために日本には輸入されず、続いて日米開戦のため『ピノキオ』(監督:ベン・シャープスティーン/ハミルトン・ラスク、一九四〇年)や『ファンタジア』、『ダンボ』(監督:ベン・シャープスティーン、一九四一年)といった長篇も、同じく日本では戦後まで一般公開されなかった。しかし、『ファンタジア』は、一九四二年から四三年にかけて軍部が数回、東京と大阪で映画関係者や軍需産業関係者らに限定して上映した。このときの『ファンタジア』が日本の映画関係者に与えた強い印象を、萩原由加里は「『ファンタジア』という呪縛」[41]と呼んでいるが、この「呪縛」に強くとらわれた一つの典型例が『海の神兵』といえるのではないだろうか。

実際、『ファンタジア』と『海の神兵』を比較すると多くの共通点を見いだすことができる。『海の神兵』のタンポポの綿毛のふわりふわりとした動き、落下傘部隊の優美な降下の様子は、むろん、『ファンタジア』のピョートル・チャイコフスキー「花のワルツ」のシークエンスを思わせる。また、作品の構成という点からは、両者ともゆるやかに結び付いたパートからなっている。『ファンタジア』は八つの部分からなり、各パートはテーマも楽曲も異なり、入れ替え可能なものとして構想された[42]。他方、『海の神兵』は兵士の故郷での休暇、労働の歌や「アイウエオの歌」など音楽とともに展開する基地設営、偵察飛行と戦死、影絵による植民地の歴史、出撃から戦闘と勝利、故郷の子どもたちの様子という分割可能ないくつかのパートに分けられる。物語は時系列で語られ、農村地域の故郷に始まり、同じ故郷で終わるとはいえ、特定の主人公がすべてのパートをまとめあげるプロットはない。

パートが独立した作品にもなりうるという特徴についてだが、実際、『ファンタジア』では、八部構成の三番目「魔法使いの弟子」というパートが最初に単独で製作され、そこからほかの部分が構想された[43]。『海の神兵』のなかの南の島のパート――東南アジアでの日本軍基地建設、皇民化教育――もまた、ほかの場面に先んじて独自に構想されたのではないか。この部分は、スーザン・ネイピアが「ディズニー的図像学」と評したようなディズニー的キャラクター・デザインに満ち[44]、労働歌と「アイウエオの歌」を中心として、プレスコによる登場人物の動きと音楽の調和・融合がフルアニメーションによってダイナミックなシークエンスになっている。日本語が極力排除されミュージカルとして理解され完結している点で、統一感、独立性が強いパートである[45]。

さて、『海の神兵』のフルアニメーションが、前述したように不安、悲しみ、高揚、興奮などといった心理描写の演出に寄与した点については、『ファンタジア』のなかでもウラジミール・タイトラ担当「禿山の一夜」の魔王チェルナボーグのシークエンスがただちに想起される。このパートは、『ファンタジア』でのほかのパートに比べて、ミュージカル的スペクタクルや、統制され管理されたバレエの身体運動をはじめとしたキャラクターの動きが強調されることはなく、むしろ登場人物の身体の計算された演技が、あふれ出すような情感、抑制された哀感、空気に漂う不気味さや不安感を物語に呼び込んでいる。

例えば、チェルナボーグは、山陰から不吉で巨大な姿を現すとき、翼を広げ顔と上半身をあらわにし、天へ向かって腕を伸ばし、かぎ爪がある指を広げる。その腕と手の影がするすると山間の町を覆い、風をおこし墓場の亡者を呼び出し、指は影や火、悪鬼を操り、不気味な力を示すのである。フルアニメーションが身体の一部分の細やかな演技を描出することで両義的・重層的な感情を喚起しているのは、前述した瀬尾の表現との重要な共通点である。

瀬尾は、「芸術性」を介して作品をまとめあげるという実験の抱負を語ったが、『ファンタジア』もまた、ウォルト・ディズニーの芸術的・実験的作品であった。ディズニーの狙いは、ヨハン・ゼバスティアン・バッハ、ルートヴィヒ・ヴァン・ベートーベン、フランツ・シューベルトといったクラッシック音楽の「芸術性」を介して新たな映像文化を創出し、子ども向けの低俗な娯楽とされていた「漫画映画」（cartoon movies）に文化的・歴史的正統性を呼び入れることだった。ディズニーの前衛的抽象画の動画化、古典の神話的世界、バレエ・リュス、宗教といった多様なテーマをテコに「漫画映画」を高級文化（ハイ・カルチャー）に押し上げようという試みもまた、『ファンタジア』の日本の視聴者にしかと受け止められたことは想像に難くない。

おわりに――ナショナリズムの挫折とトランスナショナル・ヒストリー

『海の神兵』で日本独自の漫画映画の型を追求するというマニフェストを掲げた瀬尾光世は、一作品の製作で自分のほかに政岡憲三という別の担当監督をたてるなど、製作構造の新基軸を打ち出し、イギリス・ドキュメンタリー運動の理論「事実の創造的劇化」を実践し、ディズニー的フルアニメーションによって細やかな感情や両義的な心理表現を演出した。

本章で、筆者は『海の神兵』が「米英」の模倣だったといいたいわけではない。むしろ、瀬尾をはじめとして現代の批評家たちが夢想するような「日本的テクスト」、つまりほかからの影響を排除した純粋なテクスト、自らの純粋さが他者を引き付け、影響を与えるようなナショナルなテクストは、そもそも成立しえないことをいま一度、強調したい。大塚英志は、戦後日本のアニメーションの源流を十五年戦争期のディズニー的作画とモンタージュという映像の編集技法を強く意識して形成された「ミッキーとエイゼンシュタインの野合」[46]と名付け、アニメーションというメディアの異種混交的な創造性を指摘した。

『海の神兵』をはじめとする作品で、「日本漫画映画の型」を目指したはずの国策アニメの異種混交性もしくは「不純さ」は、国家・国民的アイデンティティーの概念に通じる。ナショナル・アイデンティティーは常に再編成され続け、流動的・重層的であるという意味で、純粋物が結晶化したパワーとは、ナショナリズムがみる夢にすぎない。そして、『海の神兵』は、幾重にも絡まり合った当時の各国の文化テクストの流通ネットワーク、知の生産のプロセスの一つの結節点であり、トランスナショナル・ヒストリーを体現する作品でもある。

注

(1) 本章では扱わないが、中国発長篇アニメーション『鉄扇公主』(監督:万籟鳴/万古蟾、一九四一年)の存在も『海の神兵』にとって重要である。佐野明子「漫画映画の時代――トーキー移行期から大戦期における日本アニメーション」、加藤幹郎編『映画学的想像力――シネマ・スタディーズの冒険』所収、人文書院、二〇〇六年、九六―一二七ページ、秦剛「『鉄扇公主』と戦時下の孤島上海――戦争で生まれたアジア初の長篇アニメーション」「TOBIO Critiques」#1、太田出版、二〇一五年、九二―一〇七ページ

(2) 瀬尾光世「四十年目の再会」、尾崎秀樹『夢をつむぐ――大衆児童文化のパイオニア』所収、光村図書出版、一九八六年、二〇九―二三〇ページ

(3) 政岡憲三/瀬尾光世/荒井和五郎/熊木喜一郎/今村太平/野口久光/滋野辰彦「座談会 日本漫画映画の興隆」「映画評論」一九四三年五月号、新映画、一九ページ

(4) 前掲「漫画映画の時代」一〇〇―一〇八ページ

(5) 佐野明子「『桃太郎 海の神兵』論――国策アニメーションの映像実験」「アニメーション研究」第二十巻第一号、

日本アニメーション学会、二〇一九年、および、本書第6章「『桃太郎 海の神兵』の実験と宣伝」（佐野明子）。

（6）アニメーション研究者・渡辺泰による瀬尾の聞き書きによれば「私と持永只仁君、線描の方で橋本珠子、彩画の方で塚本静世」と語っている。この聞き書きは、佐野明子の博士論文「トーキー移行期から大戦期における日本アニメーション映画研究」（大阪大学、二〇〇七年）二三七ページを参照。

（7）前掲「四十年目の再会」二二一ページ

（8）同論文二二四―二二七ページ、山口且訓／渡辺泰、プラネット編『日本アニメーション映画史』有文社、一九七七年、二三二ページ

（9）前掲「四十年目の再会」二一二ページ

（10）瀬尾光世「漫画映画発展のための諸問題」「映画評論」一九四四年九月号、新映画、三九ページ

（11）佐藤忠男『日本映画史1――1896-1940』岩波書店、一九九五年、三〇五―三〇六ページ

（12）『煙突屋ペロー』は童映社の自主作品。同社は京都の小型映画愛好家たちの集まりで、子どもに良質の映画を見せるために手探りでアニメーションを製作。メンバーにプロキノ関係者がいたとはいえ、プロキノ傘下ではなかった。禧美智章「影絵アニメーション『煙突屋ペロー』とプロキノ――1930年代の自主制作アニメーションの一考察」、立命館大学国際言語文化研究所編「立命館言語文化研究」第二十三巻第三号、立命館大学国際言語文化研究所、二〇一二年

（13）並木晋作によると、瀬尾は『奴隷戦争』（演出：並木晋作、一九三一年）を担当したとされ、『三吉の空中旅行』（作画・演出：若林虫郎、未完成）にはクレジットされていない。一方で、田中純一郎は後者を瀬尾作品としている。並木晋作、プロキノを記録する会編『日本プロレタリア映画同盟「プロキノ」全史』合同出版、一九八六年、一四四、二二一ページ、田中純一郎『日本教育映画発達史』蝸牛社、一九七九年、一五七ページ

（14）瀬尾は「出来上がった映画のタイトルとか、線画というものの仕事」を主な仕事として同社の「特殊映画部」に所属した。前掲「トーキー移行期から大戦期における日本アニメーション映画研究」所収の瀬尾の聞き書きを参照（二三二―二三三ページ）。

（15）文化庁編「日本映画情報システム」（https://www.japanese-cinema-db.jp/Details?id=43400）［二〇二一年十一月十

三日アクセス」

(16)古田尚輝によると漫画映画は、映画法の統制の対象として独自のジャンルとしては認識されていなかった。映画法には「劇映画」「文化映画」「時事映画」という語句はあっても漫画映画はなく、「文化映画」の認定をおこなう文部省も漫画映画を「文化映画」とは完全には合致しない範疇としていた。古田尚輝「映画法施行下の漫画映画」「成城文芸」第二百三十七・二百三十八号、成城大学文芸学部、二〇一六年、七九―八二ページ

(17)津村秀夫「ポール・ルータ映画論批判――その著"Documentary Film"について」『映画と批評 続』小山書店、一九四〇年、一二一―一二二ページ、岩崎昶「文化映画論」『映画と現実』春陽堂書店、一九三九年、三三ページ

(18)藤井仁子「文化する映画――昭和10年代における文化映画の言説分析」「映像学」第六十六号、日本映像学会、二〇〇一年、二〇ページ、注五

(19)前掲「ポール・ルータ映画論批判」一〇七ページ、前掲『日本教育映画発達史』一四二ページ

(20)前掲「映画法施行下の漫画映画」一四〇ページ

(21)前掲「文化映画論」三〇ページ

(22)ポール・ルータ『文化映画論』厚木たか訳、第一芸文社、一九三八年(原著は Paul Rotha, *Documentary Film*, Faber and Faber, 1936.)。厚木は書名こそ出版社の意向を受けて「文化映画論」としたが、本文中では一貫して「ドキュメンタリー」というカタカナを使用した。このことから、「ドキュメンタリー」という言葉が広く日本に紹介された。

(23)亀井文夫/秋元憲/田中喜次/上野耕三/石本統吉「日本文化映画の初期から今日を語る座談会」「文化映画研究」一九四〇年二月号、「文化映画研究」発行所、一九―二〇ページ

(24)石本統吉の発言。同記事一九ページ

(25)同記事一九―二〇ページ。また、この書は映画製作者以外にも広く読者を引き付けたというエピソードを津村秀夫が記している。前掲「ポール・ルータの映画論批判」一一〇ページ

(26)前掲『文化映画論』一二六ページ

(27)同書二〇八―二一〇ページ

(28) 前掲「文化映画論」三八―三九ページ。亀井自身は、ローサの本作への影響を否定している（前掲「日本文化映画の初期から今日を語る座談会」一九ページ）。

(29) ポール・ローサが著作で取り上げた『造船所』（監督：ポール・ローサ、一九三五年）などではなく、マリオン・グリアスンやイヴリン・スパイスら女性監督の作品を含む数本が上映された。「一九三四―六年の英国文化映画」「文化映画研究」一九三九年七月号、「文化映画研究」発行所、二七〇―二七二ページ

(30) 前掲「文化映画論」三七―三八、四三ページ

(31) 厚木たか『女性ドキュメンタリストの回想』ドメス出版、一九九一年、一一九ページ

(32) 同書一〇九ページ

(33) 『桃太郎の海鷲』の製作では、「文化映画」の栗原有蔵が脚本に参加し、プロペラの回転の描写は『空の少年兵』のラッシュを研究したという。前掲「トーキー移行期から大戦期における日本アニメーション映画研究」所収の瀬尾の聞き書きを参照（二四六、二四九ページ）。また、この時期、「文化映画」の興隆を受け、劇映画でも、ドキュメンタリー的構成が探求された作品が製作された。

(34) 〈擬獣化〉の概念については、本書第4章「『桃太郎 海の神兵』における表象のユートピア――虚構のリアリティーならびに〈擬獣化〉の起源」の秦剛の論考を参照。

(35) 「セレベス奇襲大作戦 落下傘部隊初活躍」『日本ニュース』第八十八号、一九四二年二月九日、「陸軍落下傘部隊出動」『日本ニュース』第八十九号、一九四二年二月十七日。いずれも「NHK戦争証言アーカイブス」（https://www2.nhk.or.jp/archives/shogenarchives/jpnews/list.cgi）［二〇二〇年二月二十四日アクセス］の「ニュース映像」を参照。

(36) 鶴田吾郎の同作については、以下を参照。蔵屋美香「戦時下のヨーロッパ美術研究」、針生一郎／椹木野衣／蔵屋美香／河田明久／平瀬礼太／大谷省吾編『戦争と美術――1937-1945』所収、国書刊行会、二〇〇七年、一七〇―一七一ページ

(37) 「いざ征かん決戦場へ（海軍落下傘部隊）」『日本ニュース』第百六十四号、一九四三年七月二十七日（https://www2.nhk.or.jp/archives/shogenarchives/jpnews/movie.cgi?das_id=D0001300549_00000&seg_number=005）［二〇二

〇年二月二十四日アクセス］

（38）清水晶「日本における戦争と映画」、清水晶／ウィリアム・T・マーフィー／上野俊哉／マイケル・レノフ／マーク・ノーネス／丹生谷貴志／鶴見俊輔／粉川哲夫『日米映画戦――パールハーバー五十周年』所収、青弓社、一九九一年、六一ページ

（39）山本嘉次郎『カツドウヤ水路』筑摩書房、一九六五年、二二三―二二四ページ

（40）戦争末期の沖縄戦で「義烈空挺部隊」の使命がアメリカ軍基地に強行着陸してB29に爆薬を付けて点火することだったことを考えると、マッチ一本で敵の航空基地を破壊するというアニメーション的発想が、その後、現実の特攻行為になっていることに気づかされる。

（41）萩原由加里『政岡憲三とその時代――「日本アニメーションの父」の戦前と戦後』青弓社、二〇一五年、一三七―一六六ページ

（42）Moya Luckett, "*Fantasia*: Cultural Constructions of Disney's "Masterpiece,"" in Eric Smoodin ed., *Disney discourse: producing the magic kingdom*, Routledge, 1994, p. 229.

（43）John Culhane, *Walt Disney's Fantasia*, Abrams, 1983, pp. 15-18.

（44）Susan Napier, "Manga and Anime: Entertainment, Big Business, and Art in Japan," in Victoria Bestor, Theodore C. Bestor and Akiko Yamagata eds., *Routledge Handbook of Japanese Culture and Society*, Routledge, 2011, p. 227.

（45）例えば兵士の制服にカタカナの名札が縫い付けられているのはこのパートだけであり、日本軍兵士が教える黒板のアイウエオの字と呼応するかのようである。

（46）大塚英志「序 ディズニーとアヴァンギャルドの野合――外国の人々に向けた日本まんがアニメ史」『ミッキーの書式――戦後まんがの戦時下起源』（角川叢書）、角川学芸出版、二〇一三年、五―四五ページ

第4章　『桃太郎 海の神兵』における表象のユートピア

——虚構のリアリティーならびに〈擬獣化〉の起源

秦 剛

アジア・太平洋戦争末期に一年二カ月の製作期間をかけて完成した長篇アニメーション『桃太郎 海の神兵』（監督：瀬尾光世）は、東京大空襲の一カ月後、一九四五年四月十二日に公開された。しかし、大都市の映画館の多くが焼失し、主な観客である子どもたちが集団疎開していたため、映画館で観る人は少なかったといわれる。戦後は長い間フィルムが焼失したと信じられ、製作元の松竹がネガフィルムを発見する八二年まで人目に触れることはなかった。公開から再び注目されるまで、三十七年のブランクを余儀なくされた経緯があったとはいえ、この作品は戦前の日本のアニメーションの頂点であり、戦後アニメーションの源流にもなっていて、後世への影響は計り知れないものがある。

この作品が海軍省の委託と後援を受け、戦意発揚を主たる目的にした国策宣伝のプロパガンダのために作られた国策アニメであることは否めない事実だが、それは多元的な問題系で多角的に作品を見直すことの妨げになるものではない。むしろ、海軍省の後援によって十分な製作条件のもとでの表現技術の向上が可能になったため、『海の神兵』は戦争遂行の国家イデオロギーを表象化する装置としてきわめて精緻に作られたのである。そして、時代の最先端の表象として製作されたこの長篇アニメにはどのような物語が組み込まれ、どのような表現手法の進化がみられるか、戦争末期に製作されたという時代背景を照合して分析することが肝要である。

本章は『桃太郎の海鷲』（監督：瀬尾光世、一九四三年）に描かれた「特攻」する身体では回避された〈死〉が『海の神兵』で対象化されていくプロセスを、同時代の他メディアとの間テクスト性にも注目しながら分析していくことを骨子とする。また、これまでの研究では『海の神兵』へのリアリズム様式の導入が様々に注目されてきたわりには、キャラクター造形の方法に関しては十分に掘り下げてこなかった。その点筆者は、本作品での動物キャラクターの擬人化に表現手法の大幅な進化と変革がみられると考えているが、本章はそうした動物キャラクター〈擬人化〉のメカニズムを解き明かし、そこから新たに生み出された〈擬獣化〉という手法について考察する。この〈擬獣化〉の手法は戦前日本のアニメーションが開発したものだと筆者は認識しているが、その手法の確立は本作品で「自己」と「他者」が動物キャラクターによって表象されることを必要条件としていた。本作品は、物語の内容から製作目的まで戦時下日本のアイデンティティー構築に深く関わっていて、物語の「自己」と「他者」を差異化する表象によって戦時下の「神国日本」をめぐる神話と「大東亜共栄圏」のユートピアを築き上げた。その神話を脱構築するためにも、自他表象の仕組みを批判的に検証することが不可欠だと考える。

1　「海鷲」の作られる身体

桃太郎の鬼ヶ島征伐をベースに日本海軍のハワイ真珠湾攻撃を描いた『桃太郎の海鷲』（芸術映画社）は、一九四二年二月に大本営海軍報道部の命令で製作が決定され、同年十二月に完成した。しかし、全長三十七分、日本初となるこの長篇アニメの国内公開は、海軍省の意向で延期され、三カ月後の四三年三月二十五日にようやく封切られた。海軍省が子どもたちに向けて春休みの公開にこだわったからだが、それはこの作品の上映を少年飛行兵の募集に利用する狙いがあったためだと推察される。[1] 四二年の年末まで続いたガダルカナル島の争奪戦で日本海軍は熟練パイロットを数多く失い、搭乗員の不足が深刻な問題になっていた。そこで陸・海軍ともに航空戦力の大拡充に取り組み、少年航空兵の大量募集に乗り出したのである。

瀬尾光世は『お猿の三吉 突撃隊の巻』（演出：瀬尾光世、一九三四年）、『のらくろ二等兵』（演出：瀬尾光世、一九三五年）、『あひる陸戦隊』（演出：瀬尾光世、一九四〇年）など、動物キャラクターが主役の戦争物漫画映画を何本も演出していた。しかし、『桃太郎の海鷲』は本来の航空兵である「少国民」、すなわち少年たちの心情により確実に訴えかけるため、これまでにないスケールで現実の戦争を再現する必要があった。それゆえに、小倉健太郎の論考が検証したとおり報道写真やニュース映像、文化映画などを参考にした写実的な要素をふんだんに取り入れた(2)。

冒頭に「この映画を大東亜戦争下の少国民に贈る」という字幕が示されるこの作品には、実際に「少国民」に見せる漫画映画としては度肝を抜くような場面がクライマックスの見せ場に差し込まれている。空母から出撃した第三号機が敵艦を撃沈するシーンである。この機のサル、イヌ、キジは本作の焦点化されたキャラクターで、ほかの戦闘員たちが日の丸の鉢巻きを締めているのに対して、彼らは海軍の旭日旗の鉢巻きを締めている。飛行機搭載の魚雷が画面いっぱいにクローズアップされてから、機体が急降下し魚雷を発射する。しかし水面をかすめて進む魚雷は目標艦から大きくそれてしまう。それを見たサルが戦闘機から飛び出し、海面を泳ぐうちに水をかく両手はプロペラのように旋回し、魚雷に追いつく。サルが両手を旋回させて空中を飛んでいくという超現実的な身体の動きは本作で新しく開発されたもので、『海の神兵』では帰郷したサルが水に落ちた弟サルを救出する場面でほぼ同様の構図で使用されている。

さて、魚雷に追いついたサルはその魚雷に馬乗りになり、日本刀を振り回しながら魚雷の向きを転回させて、敵艦めがけて体当たり攻撃をする（図1）。そして命中した魚雷の爆風に飛ばされ、宙返りして空中の母機に戻ってくる。この約四十五秒のシーンでは、プロペラのような両手回しよりも、魚雷に乗って突き進むサルのほうがイマジネーションの奇異性で目を引く。瀬尾が演出した短篇の『あひる陸戦隊』にもアヒルが撃たれた砲弾に

図1　『桃太郎の海鷲』脚本・演出：瀬尾光世、1945年

図2　『あひる陸戦隊』演出：瀬尾光世、1940年

一瞬で乗るシーンがあり、撃たれたほうの〈死なない身体〉が描かれている（図2）。ただし、これらは特別な身体能力による敵への攻撃を表現しているわけではない。『桃太郎の海鷲』の「サル魚雷」には、旭日旗の鉢巻き・日本刀・魚雷の三点セットが一身に備えられ、もはや「日本精神」の象徴とされる体当たり攻撃と十分見なせるものである。そこにはのちに海軍が開発した人間魚雷・回天を先取りするイマジネーションもみられるのである。

『桃太郎の海鷲』の完成とほぼ同時期、「サル魚雷」に匹敵する「人間魚雷」を彷彿とさせる絵が大衆文学の領域に現れた。日本画家・川端龍子が描いた岩田豊雄の小説『海軍』[3]の表紙である（図3）。これは「真珠湾特別攻撃隊」「九軍神」の一人をモデルにした長篇小説で、一九四二年後半から「朝日新聞」に連載され、同年度の朝日文化賞を受賞した作品である。海軍は真珠湾攻撃に参加した甲標的部隊を「特別攻撃隊」と称し、メディアは彼らを「特別攻撃隊の偉勲」と報道し、特に戦功があった者を「軍神」とたたえていた。九軍神がアジア・太平洋戦争の軍神第一号として公布されたのは四二年三月六日、『桃太郎の海鷲』が製作スタートした直後のことだった。「特攻」という言葉は戦時期にこうして使い始められたという。

ところで、川端龍子の絵は「軍神」を表象するものなので、絵と小説テクストの両方に〈死〉が内在している。

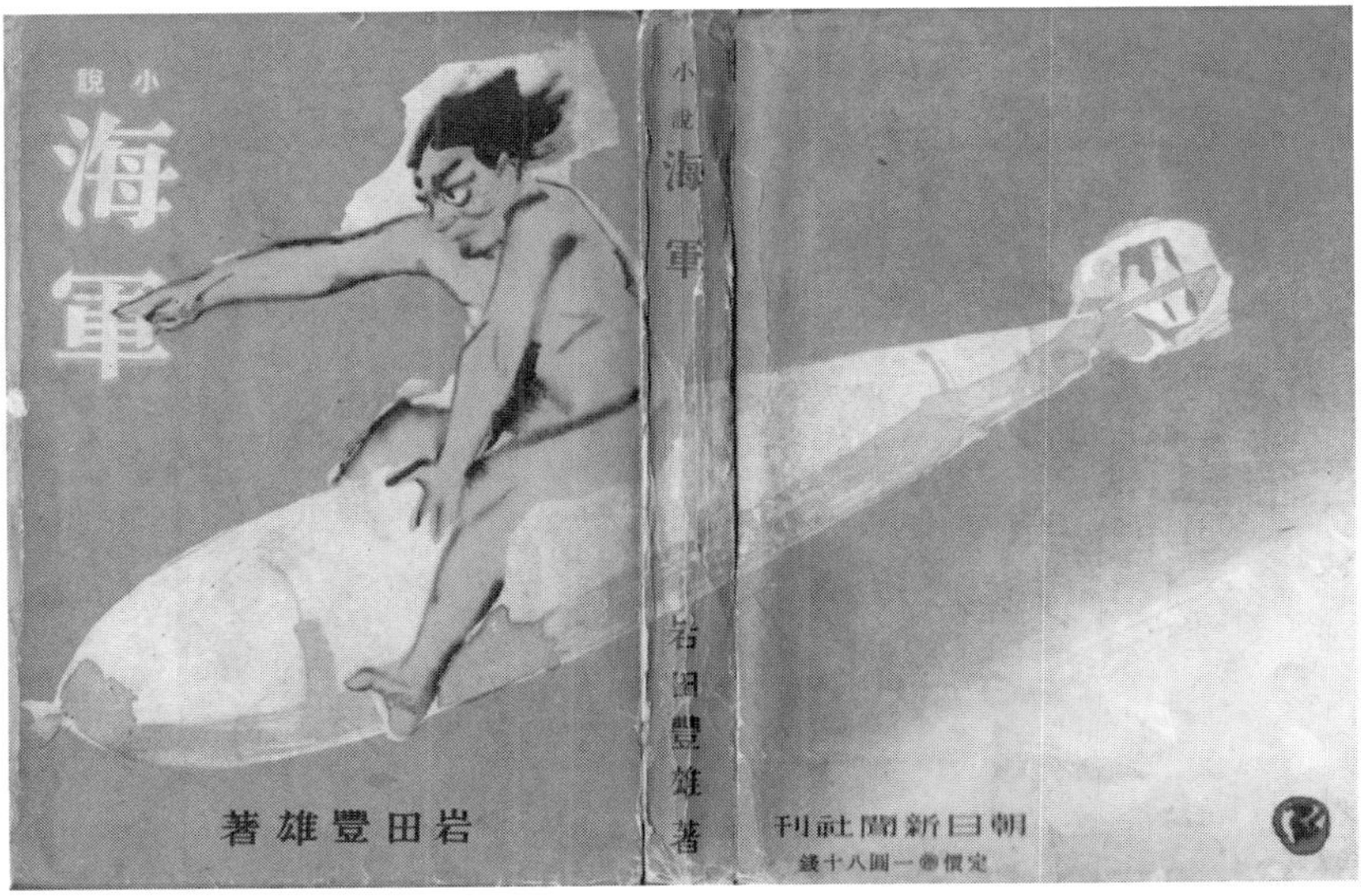

図3 岩田豊雄『海軍』朝日新聞社、1943年、表紙

しかし『桃太郎の海鷲』の「サル魚雷」のシーンでは〈死〉が完全に回避されているがゆえに、その超現実的攻撃に対する肯定的な意味だけが残る。したがって、このシーンは〈死〉を回避した「特攻」としてみることができる。つまり「特攻」を描写していながら、その必然的な結果である〈死〉を漫画映画的な虚構でごまかし、覆い隠してしまう。それによって、同時代メディアのなかでも、捨て身の攻撃のありようとその英雄性、高揚感をいち早く映像で表現したのである。

『桃太郎の海鷲』は予想を超えたヒットになり、海軍省は引き続き姉妹篇の製作を瀬尾光世に依頼した。瀬尾は、作品製作中に『海の神兵』の目的は「一つは、国内啓発宣伝に、また一つは大東亜共栄圏に於ける文化工作にである」と説明し、今度の作品は「大東亜」での対外的な「文化工作」の使命、すなわち「南方映画界へ役割を果たさう」[4]とするものだと強調した。一方で、『桃太郎の海鷲』の姉妹篇として構想された以上、桃太郎物語の枠組みを踏襲せざるをえず、ジョン・W・ダワーが「桃太郎パラダイム」[5]と命名した思考様式から抜けられずにいる。その結果、『海の神兵』の物語空間の世界構成は、きわめて複雑なものにならざるをえなかった。日本/南方の島／鬼ヶ島という多極化する物語の舞台に合わせて、七十四分間の全編は日本海軍兵士の帰郷を描く第一部、南方基地の建設を描く第二部、鬼ヶ島での空挺作戦を描く第三部の三パートに分かれる。さらには第三部の始まりに劇中劇として鬼ヶ島の前史を語る影絵風のシークエンスが差し挟まれるが、この部分と全編の物語設定との整合性はいささか欠けている。

上野俊哉は『海の神兵』の「桃太郎／動物／鬼」の象徴構造が「日本人／支配地域の人々／敵国人」「天皇／一般の日本人／敵国人」の二つのカテゴリーに対応するとみて、そこから「超越的な存在／自己と共同体／異人」という構造を取り出して分析したことがある。[6]その図式になぞらえて、『海の神兵』の象徴構造について「桃太郎／日本国籍動物／南方の国々の動物／鬼」のようにさらに細分化したうえで、それを「天皇／日本人／支配地域の人々／敵国人」に対応するものと理解すればより明瞭になるだろうと筆者は考えている。その両端の桃太郎（超越的な存在）と鬼（異人）はいずれも記号化した存在でしかなく、観る者が感情移入したり同一化したりする対象は「日本国籍動物」か「南方の国々の動物」のいずれかである。つまり、それらの動物の表現にも、さらに「自己」と「他者」が投影されるので、作品では多層化した「自己」と「他者」の関係が見いだされるのである。日本の国家主義の象徴になった桃太郎噺をベースにメナド降下作戦の勝利を物語化するだけでなく、「アジア解放」「大東亜共栄圏」といったイデオロギー的な宣伝をも桃太郎噺の枠組みで統合しようとした結果、『海の神兵』の物語の世界構成はいやがうえにも重層化し、かなり複雑なものになった。

2 擬人法のメカニズム

『海の神兵』の完成を目指していたころ、瀬尾光世は「漫画映画発展のための諸問題」という文章でこのようにその方法意識を語っている。

これは、海軍落下傘部隊のセレベス島メナド攻撃を主題にしたもので、ある程度の文化映画的実証性を取り入れる心算であるが、それとても余りに娯楽的要素に欠けてゐては漫画映画の本質を失ふし、娯楽的要素と文化映画的要素の巧みな融合が芸術性を介して新しいタイプを生み出したいと思つてゐる。(7)

瀬尾は「文化映画的実証性」を取り入れることを明言しながら、「漫画映画の本質」にあたる「娯楽的要素」の必要性も強調し、両者の「巧みな融合」による「新しいタイプ」を生み出すと語っている。ここの「娯楽的要素」を解説すれば、それは主に動物の擬人化表現とミュージカル手法の導入に要約できる。

単独の作品に登場する動物の種類の多さでは、『海の神兵』は同時期ディズニーの動物アニメ『ダンボ』（監督：ベン・シャープスティーン、一九四一年）や『バンビ』（監督：デイヴィッド・ハンド、一九四二年）を超えていて、アニメーション史上画期的な一作になったことが指摘できる。なぜ、この作品にはこれほど多種多様な動物が登場したのか。その理由として、まず桃太郎噺の話型と設定を借りたことに関係すると考えられる。『桃太郎の海鷲』の姉妹篇として日本兵士を動物にするという設定を受け継ぐ以上、その枠組みのなかで「大東亜」内部の「他者」である占領地住民の表現を設定しなければならない。そこで前作以上に多くの種類の動物を包括的に登場させることで、多様な民族と広範な地域を支配する「神国」日本の力と「大東亜共栄圏」建設の成果を同時に示すことができる。さらには、本作品は外地や占領地での公開が想定されていたので、アジア、特に南方の諸民族に対するコロニアルな偏見のもと、動物キャラクターのアニメが受け入れられると信じて製作されていた。

『桃太郎の海鷲』に比べて、二年後の『海の神兵』の〈擬人化〉はその表現に著しい進化がみられる。その進化の幅は本作へのリアリズムの導入による写実性の向上に匹敵する。ここで『海の神兵』に登場した動物キャラクターを大まかに「日本国籍動物」と「南方の動物」の二組に分類し、その複雑な仕組みを分析してみよう。

A、日本国籍動物：

①海軍部隊の兵士：サル・イヌ・キジ・クマ・カイウサギ（整備兵）・ノウサギ（偵察兵）・ペリカン（郵便配達）など

②郷里の子どもたち：（前述のほか）タヌキ・キツネ・リス・ツバメなど

B、南方の動物：テングザル・メガネザル・シロテテナガザル・トラ・ヒョウ・ゾウ・サイ・ワニ・シカ・リス・カンガルー・マレーグマ・サイチョウなど

A組は、さらに①海軍部隊の兵士と②郷里の子どもたちに分けられ、いずれも昔から日本人になじみがある動物であり、日本人を表象するものとして「日本国籍動物」と呼ぶ。それに対して、B組は主に第二部に登場する南方の動物で、東南アジアの熱帯地域に生息するものがほとんどである。トラ・ヒョウ・ゾウ・サイ・ワニなど東南アジアの代表的な動物、またはテングザル・メガネザルのようなインドネシアやマレーシア・ボルネオ島の固有種も登場する。これらの動物には南方の島と住民、広義の「大東亜」を表象する機能が付与されている。実際のところ、前述二組の動物キャラクターは、それぞれ異なる擬人化の基準で描き分けられている。試しに「歩行」「着物」「名前」「言語力」の四つの側面からA組とB組の動物キャラクターの人間度をチェックしてみよう。表1が示すように、A組のキャラクターは四項目をすべて備えていて、キャラクターの人間度が高い。ところ

表1　動物キャラクターの人間度チェック（筆者作成）

人間度の基準	歩行	着物	名前	言語力
A、日本国籍動物	二足歩行	着衣	ある	ある
B、南方の動物	四足歩行	一部のみ半身着衣	なし	なし

がB組はどれもA組と対照的である。歩行に関しては、B組では四足動物の一部、主にトラとヒョウが直立したり二足歩行する場面があるものの、それは労働などの歌曲シーンに限られる。A組は、走るときも全員二足のままである。着衣に関しては、A組の①の兵士たちは全身着衣、②の子どもたちも多くは半身着衣であるのに対して、B組ではテングザル・メガネザル・シロテテナガザルの三匹の南方サルだけが半身に着衣し、ソンコ（東南アジアの伝統的帽子）をかぶるほかは着衣が見られない。名前の有無に関しては、A組の一部の兵士は軍服に名札を付けたり名前を呼んだりして、サル野、サル吉、ワン吉、クマ太などの個別の名前が識別される。しかし、B組は名前があるようには表現されていない。言語力に関しては、南方の動物たちは日本語を教えられるまでは人間の言葉が発音できない。しかも歌曲シーンを除けば、彼らは全編にわたって発話をしない。このように、とりわけ言語力の有無によってA組とB組は決定的な一線を画され、前者は動物の外見をしていながら中身は日本人に限りなく近い存在として、後者は未開化の動物そのものとして認知される。

端的なことを言えば、A組は既に、映画の第一部で表現されるステレオタイプの郷土イメージによって、より一層彼らを日本人として感じさせる効果を上げている。富士山や神社など日本的記号で表された郷里に兵士たちが帰郷する。「海軍の水兵さん」であるキジ・サル・イヌ・クマは、まず神社に参拝してからそれぞれ親兄弟と再会する。この一連の場面では、彼らは架空の世界ではなく実在する「日本」の国土に生存し、家族や親族をもつ社会的一員として描写される。しかしこうなれば、A組のキャラクターの造形は、もはや一般的な〈擬人化〉の範疇からはみ出ているのではないか。なぜなら、〈擬人化〉とは人間以外のものを人間に見立てて表現する修辞法だからである。『海の神兵』の場合は、冒頭に「メナド降下作戦に／参加せる／海軍落下傘部隊／兵士の談話による」という字幕があるように、メナド降下作戦に参加した海軍兵士を桃太郎の民話的世界の動物キャラクターになぞらえて表現するという、二次創作的な構想を基礎にしている。そうであるならば、人間を動物に見立てて表現するという、ちょうど〈擬人化〉とは正反対の、いってみれば〈擬獣化〉がなされたのではないか。この〈擬獣化〉という手法は、近年ではイラストなどで既存のキャラクターの二次創作によく応用され、日本のサブカルチャーから生まれた文化とみられているが、その起源をこのように『海の神兵』にさかのぼることもできるのである。

つまり、A組の「日本国籍動物」では日本人らしさを保証するために、A組の表現法は〈擬人化〉から〈擬獣化〉への実質的な反転が生じているのである。このように、A組とB組は異なる〈擬人化〉の基準で描き分けられたとみるより、そもそも〈人間の擬獣化〉と〈動物の擬人化〉といった異なるレトリックが採用されていると説明できる。〈擬獣化〉の表現対象である落下傘部隊の兵士が、動物キャラクターの設定に投げ込まれたために、動物の外見をしていても、その社会的属性や親族関係、そして軍服、兵器などはあくまでリアルに再現される。そういった文化映画的な写実性が〈擬獣化〉によるキャラクター表現の迫真性と相乗効果を生み出している。

図4　『桃太郎 海の神兵』

映画の第二部には〈擬人化〉の矛盾と破綻が露呈した場面がいくつもある。例えばキジ兵士がサル兵士の肖像画を描いたり（図4）、キジ兵士がわが子の写真を見たり、ウサギ兵士がペットの小鳥と楽しんだりする場面などである。こうした人間にしかない趣味・趣向や家族への思い、ペットを愛玩する行為などはどれも動物の振る舞いではない。そこでは、観る者には彼らを動物ではなく人間として共感させる。キジ兵士が子どもの写真を見る場面では、兵士の前に下駄が置かれ、写真に映る雛キジの前掛けに日の丸があるように、動物の姿をしていても、キャラクターたちは人間であるということを表現するだけでなく、「日本人」としての属性を示す小道具まで周到に配置されているのである（図5）。

そもそも、〈擬獣化〉はほかのテクストとの間テクスト性のなかではじめて成り立ち、認識されるものである。また、〈擬人化〉という本来は「他者」を描く方法を用いて「自己」を描くという転倒した表現意図によって、

〈擬人化〉が〈擬獣化〉にひっくり返されてしまう。このようにアニメーションのなかで、観客が同一化する「自己」の像を動物キャラクターで描くことによって、アニメーションの〈擬獣化〉手法の確立が実現された。それは、『海の神兵』で一部の動物キャラクターが日本軍人であり、その他の動物キャラクターを支配する立場にいることを観る者に認知させる目的で開発された技法である。『海の神兵』で確立したこの〈擬獣化〉は、世界に先駆けて日本のアニメーションが生み出したものとみることができる。

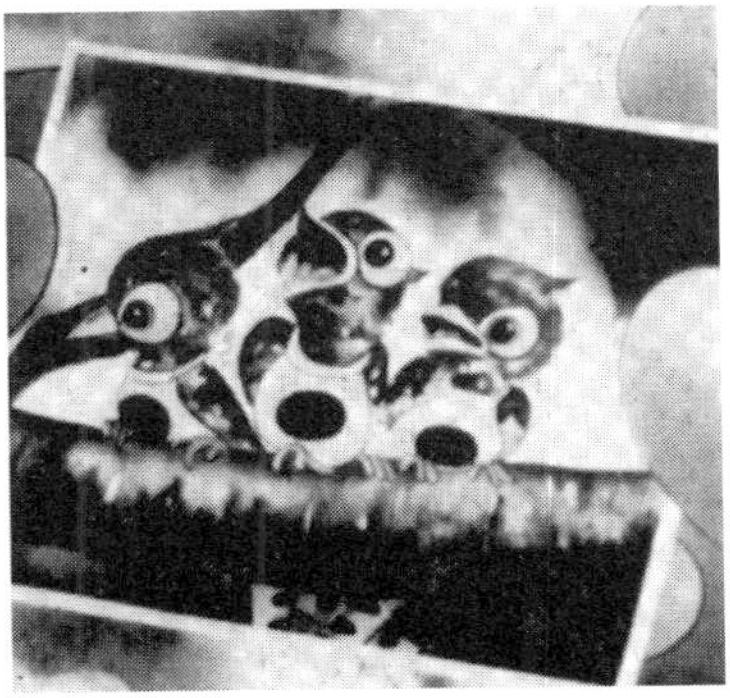
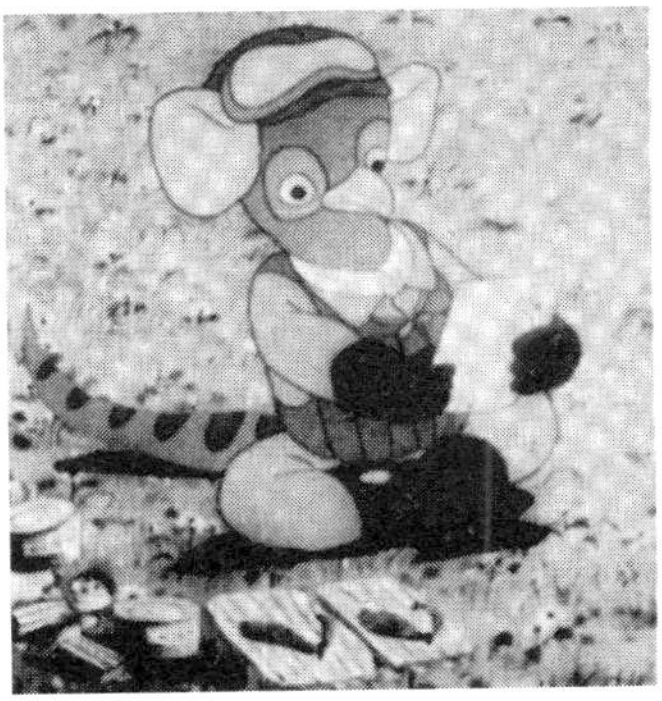

図5　『桃太郎 海の神兵』

　戦後日本のアニメで、例えば『わんわん忠臣蔵』（監督：白川大作、一九六三年）や『どうぶつ宝島』（演出：池田宏、一九七一年）など人間のドラマを動物キャラクターに演じさせることで成立した作品には、〈擬獣化〉と断定はできないものの〈擬獣化〉に似通ったモチーフや発想が含まれている。また宮崎駿監督『紅の豚』（一九九二年）の主人公ポルコ・ロッソは〈擬獣化〉キャラクターとみて間違いない。マンガ『宮崎駿の雑想ノート』（大日本絵画、一九九二年）の主人公たちもそうだが、宮崎駿がよく描く豚の顔をした自画像も同じように典型的な〈擬獣化〉のイラストである。

3　ジャングルの虚構と現実

『海の神兵』で南方の島は、落下傘部隊が作戦を準備する基地であるだけではなく、多くの動物が住む楽園として、まるで「大東亜」の「共栄」が実現されたユートピアであるかのように描かれている。そこの多様な動物は「大東亜共栄圏」の多様な人種と民族を象徴していて、種類が多ければ多いほど日本帝国の支配力を示せるがゆえに多くの種類を包摂するように描かれているのである。

様々な南方の動物が網羅的に登場しているが、それぞれがどんな形で登場するかには一定の掟があるようだ。例えばトラやヒョウなどネコ科の肉食動物は幼獣だけが大勢登場するが、成熟した大型のものは一匹も見られない。逆に、ゾウは成獣ばかりが多く登場するだけで、仔ゾウの姿は見られない。有袋類の特徴を示すためにカンガルーだけが親子の組み合わせで見られるが、それ以外は親子一緒のケースはない。そして、南方の動物が登場する場面は概してミュージカル仕立てになっている。〈擬獣〉の日本兵士の表現にも行進曲風の合唱がBGMに使われているが、それよりもはるかに多くの歌曲が〈擬人〉の動物キャラクターに使われていて、しかもどれも心躍るリズミカルなコーラスばかりである。

南方の動物が最初に登場するのは、第二部のはじめ、基地設営のための労働の場面である。「朝から晩まで休まずに!」という童声合唱の歌声のなかで、トラやヒョウの幼獣が一斉にヤシの木を切る(図6)。その次に男声合唱の「働く喜びよ!楽しく流す汗!」の歌声のなかで、ゾウが伐採された木を引っ張る。サイが木の根を掘り出し、ゾウが杭を打つ。こうした動物たちの懸命な働きによって戦闘機の格納庫が完成し、「われらの格納庫、誇らかにいまここに建ちたり」の合唱で締めくくられる。

ここでまず指摘すべきは、コーラスシーンの歌声はあくまで本編を盛り上げるBGMであって、登場する動物たち自身の声ではないことだ。「おいらが腕には湧くぞ湧くぞ力」や「われらには朗らかよ」のように、歌詞ではことさら「おいら」「われら」など一人称複数の代名詞が使われているにもかかわらず、それはいわゆるミュージカルの手法によって植え付けられた代理表象の歌声でしかない。総じていえば、南方の動物をめぐる〈擬人化〉のトリックとして、歌曲と音楽に大きく依存し導かれるという特徴がみられる。BGMで歌曲が流れるときには、動物たちは号令に従って働き、洗濯や炊事、兵士の慰問までする。しかし、そうした〈擬人化〉の動きは歌曲シーンに限られる。これを歌曲にコントロールされる〈擬人化〉と呼ぶことができる。それは『海の神兵』

図6　『桃太郎 海の神兵』

では南方の動物をめぐる話が仮想現実として寓話的に表現されていることを意味している。音楽のメロディーと代理表象の歌声によって、南方の動物にははじめて主体性が与えられるのである。そうした歌曲・音楽の効果と役割を解き明かすために、ここで彼らは、なぜ陽気な労働歌のなかで登場させられたのかを考えてみたい。

アジア・太平洋戦争期、日本軍は占領地で現地住民を軍事施設の労働に大量に動員した。動員された人々は森林の採伐、飛行場、防空壕、道路、鉄道の建設などの重労働に従事させられた。セレベス島、現在のスラウェシ島で使われるインドネシア語にはいまも強制労働を意味する「ロームシャ」という言葉が残っていて、当時の「ロームシャ」の動員に関して東南アジアの国々で補償を求める運動も現在起こっている。しかし、戦時期の日本では、現地住民に対する強制労働は占領地の「新秩序」建設の成果として報道された。『大東亜戦争海軍作戦写真記録』全二巻は、『海の神兵』の製作命令を出した大本営海軍報道部が編纂した写真集だが、そこには南方の海軍設営部隊の基地建設に「原住民またわが軍の指導下に嬉々として大いなる建設に協力しつゝある(8)」「彼等はすべて皇軍に協力して、基地の建設に、復旧の作業に、治安の維持に、それ〴〵欣然として勤労をさゝげ、大東亜共栄圏建設に汗の奉仕をつみかさねて行く(9)」と称賛されていた。しかし、掲載された写真（図7）を見れば、写っている現地の人々のどこにも「嬉々として」や「欣然として」といった表情は読み取れず、解説と写真との大きなギャップは覆い隠せない。しかし、同じ設営労働の様子がアニメーションで表現されると、写真のリアルな真実性がファンタジーの虚構性へと置き換えられる。それがすなわち歌曲の効果を用いて超現実的に描くということでもある。言い換えれば、南方の動

図7　「協力する住民」
（出典：大本営海軍報道部編纂『大東亜戦争海軍作戦写真記録』第2巻、大本営海軍報道部、1943年、99ページ。5枚組みの「基地建設」の1枚）

物が働くシーンの陽気な労働歌は、図7の写真が示すような「他者」を支配することの暴力性を隠蔽し、虚構のパラダイスイメージを築く役割を果たしているのである。

南方の動物たちに日本語を教えるという有名な場面（図8）でも、巧妙なレトリックが使われている。とりわけ効果的なのは、軽快な音律での童声や男声・女声の様々な合唱で、青空教室での「アイウエオの歌」斉唱を表現しながら、日本語五十音図の片仮名を一つずつ画面にリズミカルに映し出す手法である。この映画を観る者が動物たちと一緒に五十音図を覚える練習にもなるようなメタフィクショナルな構造になっている。

ところで、歌が始まる前に教室の動物たちに対してある反則的な〈擬人化〉が使われていることにも注目したい。動物たちはイヌタ兵士の発音にならって「ア」「アタマ」「アシ」「アサヒ」と一度は正確に斉唱するにもかかわらず、個々の復唱となると途端に動物の叫び声を発して勝手に遊びだす。〈擬人化〉された動物たちが一瞬にして逆戻りして、もとの自然態の動物に降格させられるのである。なぜ〈擬人化〉の効果を一度リセットするような演出をしたのか。それは南方の動物たちが「アイウエオ」を覚えるまでは人語が話せない動物そのものであることを示すためとしか解釈のしようがない。そしてクマ兵士のハーモニカ伴奏とサルノ兵士のリードによる「アイウエオの歌」が始まり、歌曲にコントロールされる動物の〈擬人化〉が再演される。ここでは、日本語の発声は無条件に人間の言葉として位置づけられている。

トーマス・ラマールは戦後の手塚マンガに表れる多種主義が『海の神兵』と密接な関係があると指摘し、『ジ

図8　『桃太郎 海の神兵』

ャングル大帝』（学童社、一九五〇―五四年）のレオは「単に一国の王」ではなく「ジャングルに住む多くの種の動物たちの皇帝」であることを強調している。[10] このレオのポジションは『海の神兵』の桃太郎と兵士たちのジャングルでの位置を受け継いだものといえる。『ジャングル大帝』と『海の神兵』との関連性を考えるとき、レオがジャングルの動物たちに人間の文化と言葉を持ち込んだことを忘れてはならない。人間社会からジャングルに帰ったレオが動物たちを統率し始めたのは、道路を作るための集団労働、「人間語」の学習、そして歌曲の合唱である。『海の神兵』で南方の動物に仕込まれたことがそのまま『ジャングル大帝』に吸収され受け継がれていったような錯覚さえ感じさせるのである。

　動物が人間の言葉を学ぶという展開はいかにも非現実的であり、マンガやアニメの虚構としか理解されないかもしれない。ところが『海の神兵』の場合、動物の日本語教室が描かれた背景には、モチーフとなった出来事が実際にあり、また宣伝しようとした現実があった。南方の各占領地域では日本軍が主導する日本語普及を強制的におこなっていた。例えば『大東亜戦争海軍作戦写真記録』第一巻の「南方に朗色」という部分に軍の指導下に日本語を学ぶ現地住民を撮った写真（図9）がある。前述の『海の神兵』のシーンはそうしたことを反映するために作られたのである。ただし注意すべきは、このシーンに表象されているの

図9　「わが軍の指導下に日本語を学ぶ現住民（マカツサル）」
（出典：大本営海軍報道部編纂『大東亜戦争海軍作戦写真記録』第1巻、大本営海軍報道部、1942年、67ページ）

は、南方占領地の日本語非母語の人間が日本兵に日本語を教わることであり、決して「動物が人間の言葉を教えられる」ことではないということだ。そこに表象される事象を同時代のコンテクストのなかで歴史的状況や出来事として復元しないまま、逆に〈擬人化〉表現そのものをリアルに受け止めれば、マンガ『ジャングル大帝』のように、動物が人間語を学ぶ「人間語学校」（図10）として理解してしまうのではないか。つまり、手塚治虫は『海の神兵』の「動物学校」の虚構性に逆にリアリティーを発見し、その虚構化された仮想現実を自分のマンガに組み込んだのである。

こうしてみると、手塚治虫が戦中に観賞した『海の神兵』の「アイウエオの歌」で日本語を教えるシーンは、よほどその脳裏に深く焼き付いたものにちがいない。そして一九六五年、『ジャングル大帝』のテレビアニメ化（フジテレビ系、一九六五―六六年）によって、ついにその記憶をアニメーションで再現する機会がやってきた。「動物学校」というタイトルが付いた第三回で、『海の神兵』「アイウエオの歌」へのオマージュとして、「アイウエオマンボ」（作詞：山本暎一、作曲：冨田勲）の合唱シーンが作られた。そして動物たちの「アイウエオマンボ」の大合唱の指揮棒を振るのは、動物キャラクターではなく、日本人少年のケン一であることに注目してほしい（図11）。つまり、『海の神兵』のシーンの動物が人間語を学ぶという設定とともに、教える側（人間）と教わる側（動物）の区分けまで忠実になぞっているのだ。このように、『海の神兵』の日本語教室のシーンに対する手塚治虫のマンガ、アニメでのアダプテーションは、はからずも、そのシーンの〈擬人化〉表現の実質的な効果と落とし穴をともどもに拡大して示しているのである。

4　「特攻死」と「擬獣化」の時代

『海の神兵』で、南方の動物に関しては歌曲にコントロールされる〈擬人化〉、日本海軍兵士に関しては〈擬獣化〉をそれぞれ採用し、虚構のファンタジーとして作り出した部分と現実をドキュメンタリー的に再現した部分

図10　「人間語学校」
（出典：手塚治虫『漫画少年版 ジャングル大帝 普及版』第2巻、小学館、2010年）

図11　テレビアニメ『ジャングル大帝』第3回「動物学校」

という異なる基調のパートがそれぞれ構築された。南方の動物が関わる部分はアニメーション本来の非現実的な虚構を特徴とし、空想性に満ちている。一方、日本兵士が関わる部分は文化映画の様式を取り入れ、現実志向の写実性を最大限に盛り込んでいる。もっとも、南方の動物をめぐる仮想現実を作り上げたシークエンスは映画第二部に集中していて、全体の数分の一の分量でしかない。とはいえ、それは「大東亜共栄圏」のユートピアを虚構の世界に作り上げ、対外「文化工作」すなわちプロパガンダの役割を担わされた内容であり、当時の日本のアジアに対する認識を反映する重要な部分である。このように、ファンタジーとリアリズムという、二つの趣向と方法の併用と接合、相克がこの作品の方法上の力学を形成しているように見受けられる。

さて、もう一方の文化映画の様式の導入によるリアリズムがもたらす本質的な変容に関しては、戦争の現実と深く関連する〈死〉が『海の神兵』に浮上してきたことが重視されている。大塚英志は『海の神兵』で偵察兵が一人戦死することに注目し、「手塚が『勝利の日まで』の中で明確に発見する「死にゆく身体」の萌芽が確実にある」[11]と、『海の神兵』の表現のリアル化と手塚治虫のマンガキャラクターが「死にゆく身体」を獲得したこととの因果関係をみようとした。また、佐野明子は日本兵による敵の殺害に〈死〉の徴候が描かれたことと、観客がそれに感情移入する可能性を指摘した。[12]この問題について、本章の問題意識からあらためて検証してみたい。前節では『桃太郎の海鷲』での「サル魚雷」の攻撃を〈死〉を回避した「特攻」として分析したが、そこで回避された〈死〉は本作では「特攻」のイメージと結び付いて浮かび上がっている。もっとも、キャラクターが死にゆく過程そのものが描かれているわけではない。また、瀬尾光世の証言によれば、戦死した偵察兵を弔うシーンが完成作品ではカットされたという。[13]にもかかわらず、現存する映像でも〈死〉を想起させるモチーフは現前している。以下、これを〈死〉の証跡と〈死〉の徴候に分けて論証してみよう。

第二部の後半、偵察兵一人の戦死が報告された後、傷ついて戻ってきた飛行機が物悲しげなＢＧＭとともに画面にクローズアップされる。その片翼が折れた機体は、中日戦争時の「片翼帰還の英雄」海軍飛行兵曹長・樫村寛一からイメージした可能性があるとウェブで指摘されている。[14]一九三七年十二月九日、樫村寛一は九六式艦上戦闘機を操縦して中国・南昌を攻撃。その際、中国軍機と接触して左翼の三分一以上を失いながらもなお南京基地に帰還し、日本の新聞では彼が体当たりを敢行して翼がもぎ取られたと報じた。その後、四三年三月、樫村はソロモン諸島のルッセル島上空でアメリカ軍のF4Fと交戦して戦死している。『海の神兵』での前述場面の飛行機は樫村機と同じ九六式艦上戦闘機であり、しかも同じ左翼を破損して帰ってきたので、このシーンが樫村機へのオマージュであるとの解釈は十分に成り立つ。つまり、そこにはウサギ偵察兵の死、「体当たり」の戦闘機、樫村寛一の戦死など、〈死〉の証跡が重層的にまとわされている。また、この飛行機の着陸後に、ウサギ偵察兵が残した小鳥の鳥かごが映し出され、飼い主の不在を暗示していることも〈死〉の証跡と見なせる。

図12　『桃太郎 海の神兵』

そして〈死〉の徴候としては、まずは部隊が出撃する前の桃太郎隊長の訓辞が挙げられる。彼は「明日こそ我々は、最後の一兵となるまで敵陣に突撃するのだ」「今夜は我々の最後の夜となった」と語り、決死の悲壮感が伝わってくる。前作の『桃太郎の海鷲』でも桃太郎の出撃訓辞はあったが、それは「艦長はお前達の帰りをいつまでも待っているぞ」と、隊員の生還を前提としていた。それに対して『海の神兵』の訓辞では兵士の生還は前提とされていない。「最後の一兵となるまで」とか「最後の夜」とかむしろ玉砕への決意がにおわされる。(15)

さらに、降下作戦が始まり、兵士たちが乗機から降下するまでの長いシークエンスが続くが、コックピットにぶら下がるマスコット人形が前後合わせて四つのショットで撮られている（図12）。兵士は動物のキャラクターなのに、文字どおり「人間の形」をした人形をお守りにするというこのおかしな転倒がリアルに表現されたこのオブジェの記号としての重要性を照り返す。コックピットを飾るマスコット人形という小道具は『ハワイ・マレー沖海戦』（監督：山本嘉次郎、一九四二年）にも用いられ、『桃太郎の海鷲』では小さな鯉のぼりだったが、『海の神兵』が完成する時期にはそれは「特攻人形」と呼ばれ〈特攻死〉を暗示する意味を内包するようになった。当時、特攻基地で奉仕活動をしていた女学生たちは特攻隊員のために「特攻人形」を懸命に作っていたという[16]。知覧飛行場に動員された知覧高等女学校の女学生・前田笙子の「特攻日記」には、「今日は出発なさるとの事。朝早く神社の桜花をいたゞいて最後のお別れとして私達のマスコット人形とを差上げる。（略）愛機には、さまざまなマスコット人形が今日の出撃を物語る様に風にゆられてゐる[17]」と記されている。引用文の日付は一九四五年三月三十日、『海の神兵』公開のわずか二週間前である。製作者が意図したかどうかはともかく、そのマスコット人形は映画公開の時期には「特攻」と切り離せないシンボル的なものになっていた。「特攻人形」は女学生が作る「女の子の人形」というのが暗黙の決まりであり、これが隊員の身代わりになって死んでくれると信じられていたようだ。だが、実際にその願いが成就する可能性はなく、結果的にシンボル的なそれは〈死んでいく身体〉を暗示するものとして劇中に登場することになった。それがちょうど『桃太郎の海鷲』の「サル魚雷」の荒唐無稽なシーンで回避された、現実としてかくあるべきものだったのであり、あの「サル魚雷」の欠けた部分を補完したのである。

さて、映画のラストで桃太郎が敵軍司令官と会談するシーンは、シンガポール陥落に際しての山下奉文とアーサー・パーシバルの会談をモデルにして作られた。それは新聞やグラフ雑誌などの写真報道、記録映画、戦争画などで広く知られた会談だが、「会談内容やカメラのアングルも含めて」ほぼ共通しているといわれる[18]。だが、パーシバルがモデルと思われる敵軍司令官は角を一本生やした「鬼」として戯画化されている。こうした「敵」を醜悪化する表現法は、『桃太郎の海鷲』に登場するポパイの敵役ブルートにも使われたことがあり、それを「自己」の〈擬獣化〉に先行する「他者」の〈擬獣化〉と見なすことができる。それは「獣」あるいは「鬼」として非人間的に他者を描くことを特徴としている。戦争末期、「鬼畜米英」「米鬼」などの言葉が使用されるとともに、マンガ・映画・演劇などの領域で「鬼のような他者」のイメージが創出されたが、ジョン・W・ダワーは『容赦なき戦争』で、そうした「鬼のような他者」と「桃太郎パラダイム」との深い関連性を示唆している。[19]「他者」の〈擬獣〉は「自己」の〈擬獣〉が生まれる前提でもあり、「他者」と「自己」の両方の〈擬獣化〉が採用されたという意味で、『海の神兵』は初めての〈擬獣化〉アニメと見なせるのである。

さて、手塚治虫は『海の神兵』を公開日に大阪松竹座で観て、作品に内在するリアルな〈死〉を読み取ったようだ。彼は『海の神兵』の二次創作にあたる習作マンガ『勝利の日まで』の「南方基地編」を描いたが、新たに発見された八ページの断片には、南方の基地に着陸した戦闘機のなかでサル搭乗員が死んでいるのが見つかり、その手に「最後の突撃を敢行す 日本男子としての本望是に達する」というダン吉島の玉砕報告が握られている様子を描いている。[20]マンガ『ジャングル大帝』のレオが異郷の吹雪の山頂でヒゲオヤジを助けようとしてその身を差し出して死んだように、手塚は「悲劇で終わる物語」にこだわり、ストーリーマンガに悲劇性を導入しようとしていた。また、東映動画の長篇アニメ『西遊記』(演出:藪下泰司/手塚治虫/白川大作、一九六〇年)に原案と構成で参加した際、悟空が天竺から帰ってくると恋人のリンリンはもう死んでいたとすることで悟空の悲劇をこしらえ、アニメーション史上初の「アンハッピーエンド」を作ろうとした。[21]そして、戦後日本初のテレビアニメシリーズ『鉄腕アトム』(フジテレビ系、一九六三―六六年)の最終回「地球最大の冒険の巻」のラストで、アトムが地球を救うために太陽に向かって突き進んでいく結末が描かれるのである。アトムはロボットであるがゆえに、本当は『桃太郎の海鷲』の魚雷に馬乗りになったサルと同様〈死なない身体〉をもっているはずである。しかし、どうやら手塚治虫には〈死なない身体〉の「特攻」による〈死〉をアニメーションで描ききりたいという執念があったようだ。

注

(1) 雪村まゆみ「戦争とアニメーション――職業としてのアニメーターの誕生プロセスについての考察から」、ソシオロジ編集委員会編「ソシオロジ」第五十二巻第一号、社会学研究会、二〇〇七年

(2) 小倉健太郎「漫画映画の拡張――『桃太郎の海鷲』から『桃太郎 海の神兵』へ」「映像学」第百一号、日本映像学会、二〇一九年

(3) 岩田豊雄『海軍』朝日新聞社、一九四三年

(4) 瀬尾光世「漫画映画発展のための諸問題」「映画評論」一九四四年九月号、新映画、三八ページ

(5) ジョン・W・ダワー『容赦なき戦争――太平洋戦争における人種差別』猿谷要監修、斎藤元一訳(平凡社ライブラリー)、平凡社、二〇〇一年、四二〇―四二六ページ

(6) 上野俊哉「他者と機械」、清水晶/ウィリアム・T・マーフィー/上野俊哉/マイケル・レノフ/マーク・ノーネス/丹生谷貴志/鶴見俊輔/粉川哲夫『日米映画戦――パールハーバー五十周年』所収、青弓社、一九九一年、一一六―一一七ページ

(7) 前掲「漫画映画発展のための諸問題」三九ページ

(8) 大本営海軍報道部編纂『大東亜戦争海軍作戦写真記録』第一巻、大本営海軍報道部、一九四二年、一二四ページ

(9) 大本営海軍報道部編纂『大東亜戦争海軍作戦写真記録』第二巻、大本営海軍報道部、一九四三年、一二七ページ

(10) トーマス・ラマール「戦後のネオテニー――手塚治虫、そして戦前における多種の理想」大﨑晴美訳、坪井秀人/藤木秀朗編著『イメージとしての戦後』所収、青弓社、二〇一〇年、八〇ページ

(11) 大塚英志「『鉄扇公主』と『海の神兵』――東アジアまんが・アニメーション研究に向けて」「TOBIO Critiques」#0、太田出版、二〇一四年、八七ページ

(12) 佐野明子「『桃太郎 海の神兵』論――国策アニメーションの映像実験」「アニメーション研究」第二十巻第一号、日本アニメーション学会、二〇一九年、二四―二六ページ

(13) 瀬尾光世/手塚治虫/森卓也/岡田英美子/杉本五郎/永原達也その他「座談会 幻の日本初の長編アニメーショ

ン『桃太郎の海の神兵』を語る」「Film1/24」第三十二号、アニドウ、一九八四年、七八ページ

（14）「搭乗員の小鳥〜「桃太郎 海の神兵」」「ネイビーブルーに恋をして」二〇一六年十月五日（https://blog.goo.ne.jp/raffaell0/e/fe0b97ab2690836bf63315c7ea94a47）［二〇二一年二月一日アクセス］

（15）加藤幹郎が「桃太郎隊長のこの台詞には、婉曲に玉砕が示唆されている」と指摘している。加藤幹郎『日本映画論——1933-2007 テクストとコンテクスト』岩波書店、二〇一一年、一〇六ページ

（16）工藤雪枝『特攻へのレクイエム』（中公文庫）、中央公論新社、二〇〇四年、五〇ページ

（17）八巻聡「女学生が綴った「特攻日記」の基礎的研究」、知覧特攻平和会館編「知覧特攻平和会館紀要」第一号、知覧特攻平和会館、二〇一九年、七八ページ

（18）木村智哉「アニメーション映画『海の神兵』が描いたもの——戦時期国策映画の文脈から」、乾淑子編『戦争のある暮らし』所収、水声社、二〇〇八年、一四七ページ

（19）前掲『容赦なき戦争』

（20）手塚プロダクション監修『手塚治虫とキャラクターの世界』（SAN-EI MOOK）、三栄書房、二〇一三年

（21）手塚治虫「あとがき」『ぼくの孫悟空 8』（「手塚治虫漫画全集」第十九巻）、講談社、一九八〇年

コラム　中国で先行封切りされた『桃太郎の海鷲』

秦　剛

日本初の長篇アニメーション『桃太郎の海鷲』（監督：瀬尾光世）の日本公開は一九四三年三月二十五日のことだが、実は、中国の上海、北京、そして満洲の新京（長春）、奉天（瀋陽）などの映画館ではそれに先駆けて公開されていたことが今回の調査で判明した。つまり、海外での上映が本土封切りよりも早いという異例の配給ケースだったのである。

表1が示すように、公開が最も早いのは上海で、上映館は静安寺路（現・南京西路）にあった大華大戯院。その前身はスペイン商人ラモスが経営し、一九一四年に開業した上海初の大規模映画館の夏令配克大戯院。三九年十二月の新館落成後に大華と改称、メトロ映画の専門館だった。南京政権が米英に宣戦したことをうけて中華電

表1　中国・満洲での『桃太郎の海鷲』の公開情報（筆者作成）

上映都市	上映館	上映時期	併映作品	配給元	調査の情報源
上海	大華大戯院	一月二十四日―二十九日	『空の神兵』（監督：渡辺義実、一九四二年）	中華電影股份有限公司	「申報」
上海	光陸劇場	三月八日―十四日	『成吉思汗』（監督：牛原虚彦／松田定次、一九四三年）	華北電影股份有限公司	「東亜新報」
新京	帝都劇場	二月十七日―二十二日	『国技大相撲』（一九四三年）	満洲映画協会	「満洲日日新聞」（国都版）
奉天	平安座	二月十七日―二十二日	『国技大相撲』（一九四三年）	満洲映画協会	「満洲日日新聞」

影股份有限公司の管理のもと、四三年一月十五日から中国人のための日本映画上映館に変身し、租界唯一の日本映画専門館になっていた。『桃太郎の海鷲』は併映の文化映画『空の神兵』（監督：渡辺義実、一九四二年）とともに、同館で上映された三本目の日本映画になる（図1）。観客は主に中国人であるため、『飛太子空襲珍珠港』（「空飛ぶ王子の真珠湾大空襲」の意）という中国語のタイトルを付け、上映にあたってはスライドによる中国語字幕を使った。ちなみに、併映の『空の神兵』のほうはイヤホンで中国語のアナウンスを流す方式が採用されたという。

『桃太郎の海鷲』の北京上映は、華北電影股份有限公司の配給によるもので、大映出品の劇映画『成吉思汗』（監督：牛原虚彦／松田定次、一九四三年）との併映だった（図2）。封切りに先立って、二月十一日の中国語映画紙「電影報」には、『桃太郎の海鷲』のプリントが北京到着・検閲済みで「不日本市各映画館に上映する」と予告された。封切り館となった光陸劇場は東単米市大街に位置し、一九二七年に北平キリスト教青年会会堂に開かれた映画館が前身である。三八年三月四日に光陸有声電影院（トーキー映画館）から光陸劇場に改名されて北京

図1　「申報」1943年1月24日付

初の日本映画興行館になったが、北京在住の日本人を主な観客層としていた。「東亜新報」掲載の広告によれば、上映最終日の午前中は「日曜早朝コドモ映画会」として、文化映画『我等は日本小国民』（演出：丹生正、一九四三年）が併映されたようである（図3）。

満州での『桃太郎の海鷲』の公開はやはり日本人居留民を主な観客とする日系館であり、一九四三年の春場所『国技大相撲』（監修：藤島秀光、一九四三年）の記録映画とともに上映された。そのうち、新京の帝都劇場は同市新発路に位置し、定員千百三十五人、当時は東宝映画の

図2 「東亜新報」1943年3月7日付

図3 「東亜新報」1943年3月14日付

封切り館だった。また、奉天の平安座は元・平安広場（現・民主広場）付近の平安通（現・民主路）に位置し、四〇年十二月に竣工した客席が千七百四席もある同市では最大規模の劇場である。「満洲日日新聞」の広告によれば、新京も奉天も上海、北京にはない実演アトラクションが興行に組み込まれていたのが特徴的である（図４・５）。

『桃太郎の海鷲』の満州上映は満洲映画協会（以下、満映と略記）の配給を受けてのことで、上映後、プリントは満映の倉庫に保管されたが、そのプリントをめぐって興味深いエピソードがある。『桃太郎の海鷲』の背景と撮影を担当した持永只仁は一九四五年七月に満映に入社したが、日本の敗戦後も中国に残って東北電影製片廠で新中国初の人形アニメ『皇帝夢』（一九四七年）、新中国初のセルアニメ『甕中捉鼈』（一九四八年）を製作した。四九年、持永は元満映のフィルム倉庫に『桃太郎の海鷲』のプリントがあるのを確認している。そして翌年、彼が上海電影製片廠の美術片組（アニメーション製作グループ）の創設のため上海へ行くとき、それを含めて旧満映が残したアニメーションのフィルムをすべて持っていったそうである。(1)その後、持永は五三年に帰国するまで上海電影製片廠でアニメーション製作を指導し、「方明」という中国名で『謝謝小花猫』（一九五〇年）などの作品を演出していた。

図4 「満洲日日新聞」（国都版）1943年2月18日付夕刊

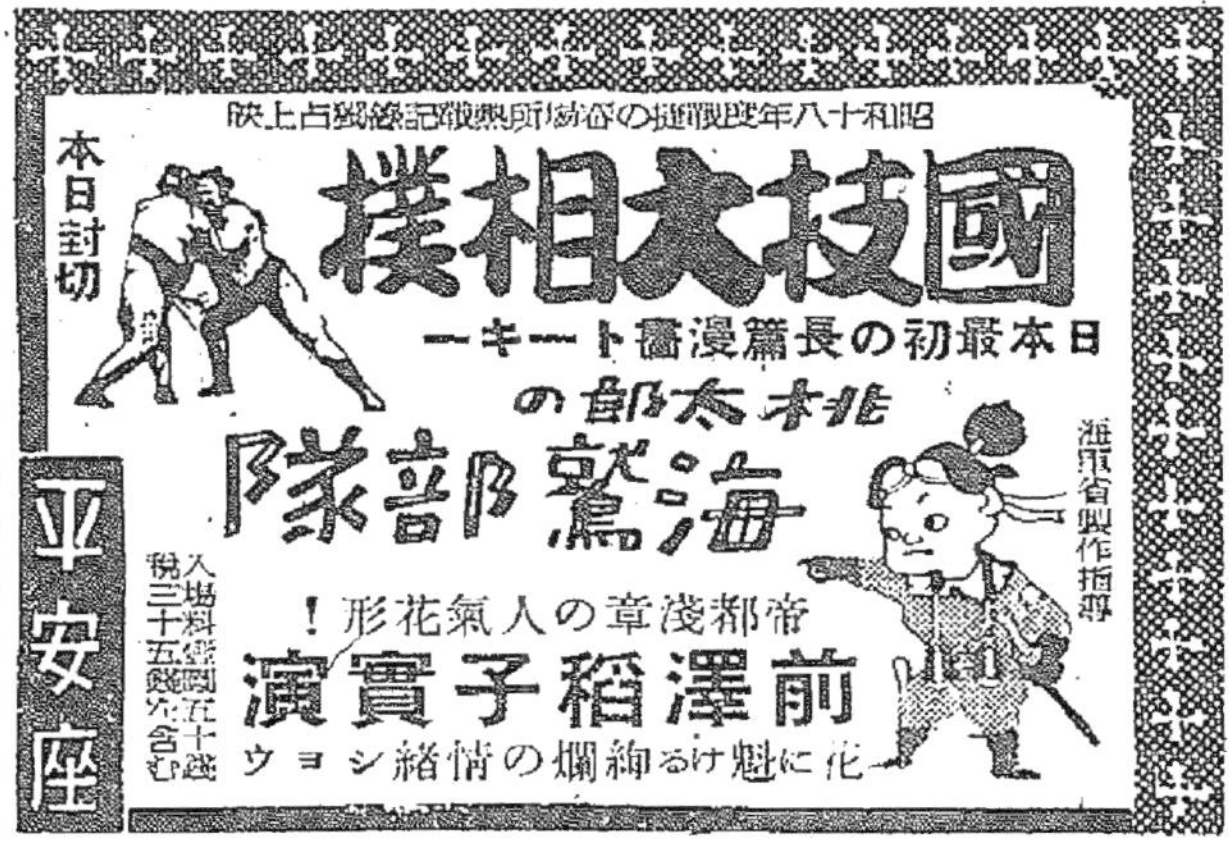

図5 「満洲日日新聞」1943年2月17日付夕刊

ところで、『桃太郎の海鷲』はいったいなぜ海外で先に公開されたのだろうか。その答えのヒントは佐野明子氏が提供してくれた瀬尾光世の回想（一九八一年一月十八日収録）に見つけられる。その証言によれば、『桃太郎の海鷲』は一九四二年十二月に完成し、海軍省に納品された。また、一九四二年十一月三日付「読売新聞」の記事によれば、その前日の午前に日本劇場で『桃太郎の海鷲』の特別試写会がおこなわれた(2)。しかし、海軍省から正月公開よりも子どもの春休みの三月がいいという意見が出たので、公開は三月下旬に決まった。つまり、日本公開を子どもたちの動員数が見込める春休みまで延期したため、海外に送られたプリントのほうはそれを待たずに配給となり、結果的に国内よりも先に公開されたというのが真相だったといえるだろう。

注

（1）持永只仁『アニメーション日中交流記――持永只仁自伝』東方書店、二〇〇六年
（2）「平出大佐学童を激励〝桃太郎の海鷲〟試写会」「読売新聞」一九四二年十一月三日付

第５章　戦時下映画業界の統制とアニメーション

——文化映画会社統合と軍委嘱映画

木村智哉

はじめに

本章では、『桃太郎 海の神兵』（演出：瀬尾光世、一九四五年）を戦時下日本におけるアニメーション領域の代表的事例と見なしてきた従来の研究枠組みを刷新し、当時の映画業界で同作を含むアニメーションの生産が、どのような枠組みやバランスのもとでなされ、また継続されていたのかを素描すべく、二つの視点を導入する。

一つは物語を伴ったアニメーション映画中心の歴史記述の相対化であり、もう一つは戦時下日本でのアニメーション発展史観の問い直しである。そしてこれはともに、作家・作品史的なアプローチから制度史的なアプローチへの移行を志向することで達成される。

テクスト研究から産業研究へ

アニメーションに限らず、文学研究をモデルとした映画論は、主たる分析対象を映画テクストそのものや、その成立背景と見なす傾向が強かった。[1] 映画史研究の関心は、製作側にとどまらず興行や観客性へと移行・拡大して久しいが、アニメーション史研究のそれは立ち遅れが目立ち、『桃太郎 海の神兵』にしても、テクスト分析や、その時代背景との関係性に焦点化した研究成果が蓄積されてきている。

確かに本作品には、映画テクストとそれが成立した歴史的背景との関係性が明瞭に結晶化してみえる。しかしそのため本作品は、戦時下日本でのアニメーション映画のマスターピースと見なされ、極度に偏重した関心が向けられてきた。

加えて日本のアニメーション史の記述には、物語とキャラクターによって構成される作品内容や、それを創造した作り手とその様式、アイデアなどを編年的に記述する作家・作品史的アプローチも定着している。そのため「線画」と呼ばれたような、現実の諸事象を解説あるいは宣伝するために用いられる技術としてのアニメーションに対しては、関心が希薄化する傾向がある。

第二次世界大戦下の日本映画を対象とした歴史研究では、制度史や社会史的な成果が既に挙げられている。[2] アニメーション史研究も、これにならう必要があるだろう。

アニメーションが製作される社会的な制度や背景に焦点化する場合、それぞれの作品に芸術的価値が見いだせるか否かは問題ではない。本章でも取り扱うアニメーションを用いた兵士教育用映画は、物語アニメーションよりも戦時下における生産量の多いことが近年着目されているように、[3] それが定量的に生産されたことにこそ、重要な意義がある。そこにはアニメーションの生産への資本の投下とその回収という産業的プロセスが確立されているからである。

ここではまた、作り手の意図や思想といった、作品に対する能動性もまた主要な問題にはならない。むしろ重点的に問われるべきは、彼らがどのような産業構造のなかにあらかじめ組み込まれていて、さらにその構造を引き継いだ戦時下に、どのような関係を軍との間に取り結んだかである。

そのため本章では、演出家やアニメーターなどが能動的に労力やアイデアを投下した作品よりも、むしろ軍を含む官公庁から委嘱された映画製作のあり方に着目する。アニメーション映画は戦前から、こうした委嘱映画を事業の重要な軸としていた文化映画を製作する営利組織によって手掛けられることが多く、戦時下の軍と映画会社の関係も、その延長線上に位置づけられるからである。

佐野明子は、文部省による独自の教育映画製作と映画会の開催といった政策が、大阪毎日新聞社を中心に進められた映画教育運動の成果に多くを負っており、戦時下に達成された巡回映写の一元化は、そうした民間側の動きを官庁側が併合したものだったと論じている。(4) 本章はこうした戦前から戦時にかけての史的連続性を、映画産業の側から描き出そうとするものである。

史的観点の再検討

戦時下のアニメーション映画製作を産業側から論じた先行研究では、当時の変化を、戦後にアニメーションが本格的に産業化した基盤として論じる傾向が強い。(5) こうした議論の背景には、近代戦を前線だけでなく銃後をも包摂した大規模な動員の社会的システムとして捉え直し、その諸領域への中・長期的な影響を探る研究の影響があるだろう。

歴史学や経済学の領域では、第二次世界大戦期の総力戦体制と戦後の社会体制とを連続した視点のもとに捉える枠組みが定着している。(6) また、総力戦体制を国民国家という近代的制度の特性が顕著に表出する機会と捉え、そこで様々な表象がマスメディアを通して戦争遂行に奉仕することで社会に影響を与えるとともに、それを生み出す文化や芸術も変化を被る諸相を描き出す研究が、様々な領域で活発におこなわれてきた。ここで総力戦体制は、一時期の逸脱とは見なされず、むしろ戦後社会のあり方をも規定した連続的なプロセスの一部か、あるいはその起点として論じられる。(7)

雪村まゆみが、第二次世界大戦下から戦後への科学技術の連続性論を参照して、職業的技術者としてのアニメーターの誕生を論じていたように、科学史でも、軍事領域で培われた技術が民生転用された事例が言及されている。しかし、こうした軍事技術と民生技術の融通性を普遍的な事例と見なすことは、軍事技術開発による科学の発展という単純な議論を導きかねないという指摘もある。それによれば活発な民生転用の事例は、例えば冷戦期アメリカのような歴史的に特殊な条件下に限定されたものであり、むしろ軍需は「技術の発達方向を歪め、民生市場における企業の技術競争力を奪う」、いわば「阻害要因」ともなりうるし、「軍事機密という制限性は、科学や技術の発達に不可欠な公開の原則と対立」するばかりか、「資源の多くが軍事分野に投入されると、一国レベルでは非軍事分野の技術的な停滞を招きうる(8)」ということになる。

こうした指摘は、本章で論じる一九四〇年代初頭の日本でアニメーション映画を手掛けた企業の動向にも当てはまる。そこには大手映画会社である東宝の傘下にあった航空教育資料製作所や、横浜シネマ商会のような文化映画の老舗から、構成員数人の零細な群小プロダクションまで、軍事領域での映画製作を委嘱された企業が多数存在した。しかし同時にその時代には、軍の後援を直接には受けず、民間事業としてアニメーションの長尺化を志すもう一つの動きも並存しており、それが軍需によって圧迫されていったからである。この複雑な諸相は、先行研究が唱えているような、軍の後援によるアニメーションの発展という単線的史観を相対化する事例として位置づけられる。

とはいえ、もちろんこれは、戦前期から戦時期を一つの時代区分と見なして、戦後をそこから全く断絶した時代とみることを唱えるものではない。ジャック・ル＝ゴフは、歴史の「長期持続」の概念のもとでもなお、時代区分を保つことは可能かつ必要だとして、連続性と不連続性を組み合わせてみることを説いている(9)。そして中村政則は、戦後史の記述で、戦時期からの「断絶か連続か」という二者択一を超え、「動態的、複線的」な歴史把握をおこなう「貫戦史」という概念を提唱した(10)。本章も同様に、連続性と不連続性が折り重なる史的事象の襞をかき分け、その整理をおこなう基礎的な研究を志向している。

1　松竹によるアニメーション映画製作

一般的な文化映画会社の事業について論じる前に、まずあらかじめ、松竹がおこなった『桃太郎 海の神兵』の製作が、必ずしも戦時下の代表的事例とは見なせないことを確認したい。

一九四一年五月、松竹は社内に動画課を発足させ、京都から政岡憲三らのアニメーターを招いた。[11] これは四三年五月に漫画映画製作部へ改組され、[12] 以後、日本映画社（日映）との提携作品「長編漫画「桃太郎の空の神兵」」の製作や、[13] 年間二本のアニメーション映画製作構想が発表されていった。[14] 同部と『桃太郎 海の神兵』を製作した松竹動画研究所との関係はつまびらかではないが、後述する横浜シネマ商会と横浜シネマ研究所のように、本社動画部門とスタジオの関係にあったとも考えられる。

漫画映画製作部改組時の規模は、延べ建坪が五十二坪（約百七十二平方メートル）、従業員数が二十四人という比較的小規模なもので、[15] 長篇製作にあたっては、アニメーターを女性の新職業とした呼びかけをおこない、[16] 人員の強化を試みている。松竹はあらかじめ十分なアニメーターを抱えていたわけではなく、短期的に人員を養成しながら、作品を製作せざるをえなかった実態がうかがえる。

それでも松竹では、『桃太郎 海の神兵』に続いて、二作目の長篇企画を立案していた。この企画は、「海野十三原作の「火の要塞」を海軍省後援、酒井俊脚色、政岡憲三演出で製作すべく準備を進めて」[17] いたものだった。松竹は、『桃太郎 海の神兵』を演出した瀬尾光世に続いて、政岡憲三にも海軍省後援の長篇アニメーション映画を演出させる計画を立てていたのである。[18]

実際には『火の要塞』は完成をみなかったようで、一九四五年には「物資逼迫化とともに」松竹動画研究所が閉鎖されている。[19] このわずかな活動期間と前述の規模、長篇一作のほかには一、二巻の短篇四作が公開されただけの実績からして、松竹が戦時下を代表するアニメーション製作の拠点であったとは言い難い。後述するように、実際には軍との関係のなかで、アニメーションを用いた戦時下特有の作品を量産した拠点も、アニメーションの長尺化を試みた業者も、別に存在した。そしてそれは、文化映画製作に軸足を置いた会社から現れてくるのである。

2 文化映画製作会社と「委嘱映画」

「文化映画」という用語を内務省警保局が定義した際、教育映画や記録映画、宣伝映画などの六項目が示されたように[20]、こうした映画を製作する会社は、このとき既に存在していた。そしてそれらの映画は、必ずしも映画会社の自発的な企画と自己資金で製作されるとはかぎらず、官公庁や企業の企画を民間業者が受託したものもあった。これは「委嘱映画」と呼ばれた。

官公庁では独自の教育映画製作をおこなっていた文部省以外に、厚生省、逓信省、鉄道省などが相次いで業者への委嘱や後援などの形式で映画を宣伝に利用し始めた[21]。さらに一九三〇年代には、陸・海軍が映画による報道や記録に関わるようになった。

一九三七年に発足した東宝映画には、合併前の写真化学研究所などの業務を引き継ぐために文化映画部が設けられていた[22]。同部は「諸官庁各種公共団体等ノ委嘱ニヨリ優良ナル作品ヲ多数製作シタル一方当部ノ自主的企画ニ基キ「怒濤を蹴って」「軍艦旗に栄光あれ」「上海」「南京」等の優秀ナル映画ヲ製作シ[23]」ている。ここで委嘱映画と自主企画とが併記されているように、この二つは事業の両輪だった。

比較的小資本で、文化映画製作を専門とした会社では、一九三六年に発足した芸術映画社が著名だろう。同社の「創立の目的は文化・記録映画の製作」に置かれたが、一方で「これは完全に赤字であるから、経営の為めに諸官庁の委嘱映画を製作して」[24]いた。設立者である大村英之助自身、自社では「註文映画が多」く、企画部内に営業課があると内情を説明していて[25]、また雑誌「文化映画研究」掲載の広告では、企業官公庁の「御用命先」が列記されている[26]。ここでも、自主企画による文化・記録映画と、外部から受注する委嘱映画の製作が並立していて、さらに後者には前者の資金繰りを補う役割が与えられていた。

こうした側面をみれば、瀬尾光世が松竹以前に在籍していた芸術映画社で、文部省製作の教育映画や、海軍の企画と後援のもとで製作された『桃太郎の海鷲』（演出：瀬尾光世、一九四三年）を手掛けていたことが、特異な事例ではないとわかるだろう。

芸術映画社よりも長い社歴をもつ会社としては、一九二三年に創業した横浜シネマ商会（横シネ）がある[27]。同社は関東大震災（一九二三年）の被害を記録したフィルムで実績を上げ、さらに二五年からは教育映画のシリーズ「アテナ・ライブラリー」を量産した。このなかには切り抜き式のアニメーション作品や、実写の教育・記録映画内で用いられる解説用の「線画」を多く手掛けた村田安司の作品が含まれている。

一九三三年に横シネは、日本の委任統治領への測量に随行し、海軍の依頼と後援によって、長篇記録映画『海の生命線』を製作した。村田の手になる線画は、本作でも活用されている。

さらに翌年には、やはり海軍省後援で『北進日本』が製作された。これらはいずれも、国際的軍縮の時期に、日本の国防問題を説いた映画だった[28]。

横シネもまた、自主企画の教育映画と諸官庁からの委嘱映画をともに手掛けながら、その事業を拡大していった。そしてこれらの事例にみられるように、軍からの委嘱による映画製作とは、少なくとも平時では、数ある事業の一つにすぎなかった。

しかし、一九三九年十月の映画法の施行から四一年八月の映画臨戦体制による業界再編に至る過程で、軍が関わる映画は、その意義を増大させていく。特に物資動員計画に基づくフィルム配給割り当ては、映画業界にとって死活問題であり、国策に追随すべき動機を強める条件として作用した。

軍からの委嘱映画製作とは、このように業界の戦時統制以前からの連続性を保ちながら、一方で統制下での事業の維持手段としての側面を新たにもつことになる。この側面は、次に論じる文化映画会社の戦時統合問題から派生するものである。

3　情報局による文化映画会社の戦時下統合

統合の難航

戦時下の映画会社統合構想のうち、劇映画および配給機構のそれとは異なり、ついに貫徹をみなかったのが、文化映画会社の整理・統合であった。しかしながら、この政策の不徹底さにもかかわらず、アニメーションを製作する文化映画会社は国策に追随し、あるいは軍の直接的な後援のもとで活動することになる。ここでは、文化映画会社の戦時下統合が完全には完了しないまま膠着状態へと至っていった経緯を追ってみたい。

映画法の施行によって、国策に沿った内容の映画は政府の命令により映画館上映がおこなわれることになったが、同時に同法の映画製作認定制度により業者は許可制となり、また文化映画も認定の対象になったため、既存の会社にとってはこれらの認可を得ることが目下の課題になった。

認定文化映画の強制上映自体は、業者にとって機会の拡大を意味した。業者と文部省の懇談時には、官庁が製作する映画が文化映画として認定されることが多いと、これら上映料の安い映画で館側が強制上映枠を賄ってしまう恐れがあり、業者の「良心的積極的企画を委縮」させ、「文化映画の水準を低下」させかねないという憂慮が、業者側から示されている。[29] 業者側はこの制度を、文化映画が興行市場に進出する機会と捉えたのである。

さらに一九四〇年十二月に映画法施行規則が改正されると、二百五十メートル（十分弱）以上の文化映画上映時間は、三十分まで規程の時間に参入しない例外措置がとられ、二〜三巻以上の文化映画の需要が興行市場で高まった。[30]

したがって文化映画会社のなかには、許可を待たずして事業を強化していくものもいた。日本電報通信社（電通）は、「文化映画強制上映に同調」し、教育映画や恤兵映画を製作する一方で、東京都蒲田区（現在の大田区の一部）に新スタジオ電通映画製作所の建設を進めた。これは認定審査に備え、設備や機材、人材などをより確かなものにするための施策だろう。そして後述する文化映画会社の統合が持ち上がった後も、電通はこの投資を無駄にしないよう「猛工作」をおこなうことになる。[31]

こうして映画製作事業の許可申請が相次ぎ、その数は劇映画会社と合わせると、二百一社に及んだほどだった。[32]しかし内閣情報局の肝いりで発足した国策映画会社である日映以外で第一次の許可が下ったのは、劇映画業者を含めて十四社にとどまった。その内訳は、松竹、東宝、日活、新興キネマ、大都映画、朝日新聞、大毎東日、読売、電通映画、理研科学映画、十字屋文化映画部、東亜発声映画、横シネ、朝日映画である。第二次許可を受けうる文化映画会社としては、芸術映画社が下馬評に上がっていたが、ほかの群小会社は数社合併により許可を受けるか、あるいは不許可により廃業に至るものとみられた。[33]

ところがこの許可は、映画臨戦体制の発動によって、その意味を失った。業者の統合案が情報局から提示されたからである。このときの情報局案では、統合会社の数を劇映画二社、文化映画一社と構想していた。これに対して劇映画界では、利害調整が難航しながらも、最終的に三社案が実行に移された。そして文化映画業界もまた、政府案をそのまま踏襲することはなく、民間三社案が答申された。

この統合案は難航することが明白だった。情報局嘱託を務めていた登川尚佐は、「互に異る小資本会社の濫立を無視することは出来ない」として、映画法によって「第一次の許可が下りて、まだ第二次の許可が待たれてゐたその時に、この統合問題が起り、百何十の文化映画教育映画業者が、まだこの問題に対して一応の発言権を持つてゐると考へられて」いるため、統合の「困難は劇映画の場合とは較ぶべくもない[34]」と述べた。

そしてこの観測どおり、既に製作許可を得ていた文化映画の大手企業がその既得権益を主張する一方、許可申請中だった中小企業がその劣勢を挽回せんと試みたことで、業者間の足並みは乱れた。利害の不一致による意見不統一があらわになったことで、業者側は劣勢に陥り[35]、対英米開戦後には官庁側の一社案を採択せざるをえなくなった。

一社統合の主導を情報局から任されたのは、朝日映画社の眞名子兵太だった[36]。眞名子は大手六社が中小企業を買収する形での統合を立案したが、この構想の詳細が六社のうち電通から中小の旭日映画社へとリークされ、中小側が反旗を翻した[37]。事態の解決をもちかけられた日映社長の古野伊之助は、「資本を持つてゐる人は旧体制つまり資本が絶対にはゞのきく組織を希望するし、又持つてゐない人種は資本の攻勢をおさえる組織を主張する」[38]として、自己利益だけを主張する各社の姿勢をたしなめた。

このように当初、各社の業界内の地位に基づく利害不一致は、官庁側に有利にはたらいたが、その後、情報局の不首尾によって業者側が盛り返し、一転して三社案が実現する。この不首尾の中心的な事件こそ、横シネの統合離脱問題であった。これは次に論じるように、同社のアニメーション製作事業にも大きな影響を与える要因になる。

統合の有名無実化

一九四二年四月十六日、横シネが統合離脱を表明すると[39]、内紛中の文化映画業界内には激震が走った。横シネは元来、日映作品などの現像を受注する業者でもあった[40]。そのため同社は、いちはやく日映への接近を試み[41]、社長の佐伯永輔は暗礁に乗り上げた統合を尻目に、「もう面倒臭いから工場は日映に寄付して了う」などと発言していた。しかしこれを聞いた情報局の不破祐俊が、独自に日映への取り次ぎをおこなったところ、業者側が反発を見せた[42]。

横シネ統合離脱の問題点は二つあった。第一には、統合案の大規模な修正が必要になることである[43]。当時の横シネの社屋は延べ建坪五百六十坪（約千八百五十一平方メートル）、従業員数は百二十七人にのぼり、さらに別途アニメーションや特殊撮影を手掛ける横浜シネマ研究所を有していた。[44]この規模は、当時の理研科学映画や朝日映画社に匹敵しており、芸術映画社や電通映画製作所をはるかにしのいでいた。したがって横シネが抜ければ、一社統合案での現物出資による新会社の資本金額や、三社統合案での設備配分を、大幅に見直さざるをえなくなる。

第二には、業者側との協議を経ずして情報局が日映への仲介をおこなったことである。業者側は、日本ニュース映画社が日映へと改組する過程で、一部の会社を情報局の指導に基づき吸収したことについて抗議していた。横シネ問題はこれと同様、官庁が日映を優遇し、民間業者を軽視した動きとみられた。[45]

横シネは日映との合併こそ不調に終わったものの、統合離脱に伴って文化映画製作から撤退し、委嘱映画製作と現像業務に専念することになった。

一方で、ほかの業者が「各自勝手な行動が許されるとしたら、われわれの希望もきいてもらひたい」と情報局との会談をおこなった結果、一社統合案の根拠は揺らぎ、[46]一九四三年一月七日に三社案が妥結した。[47]統合された組織の第一は、朝日映画社と芸術映画社が合併し関西五社を買収した新たな朝日映画社、第二は電通映画製作所を中心に、東亜発声映画のほか、日本映画科学研究所以下の関西三社が統合された電通映画社、第三は中小企業の関東十社を吸収した理研科学映画社だった。[48]アニメーション映画の領域では、朝日映画社が『ニッポンバンザイ』（構成：三上良二／永富映次郎、一九四三年）、『上の空博士』（演出：前田一／浅野恵、一九四五年）のような短篇に加えて、五巻からなる中篇『フクチャンの潜水艦』（演出：関屋五十二／横山隆一、一九四四年）などを、電通映画社が短篇『動物の増産部隊』（作画：木村角山、一九四四年）を、理研科学映画社が三巻の『ポッポ島大空中戦』（演出：遠藤鉦太郎、一九四四年）などを製作している。

しかし、この統合の選定から漏れた群小会社が姿を消すことはなかった。統合を免れた業者の一覧では、[49]横シネのような大手はまれで、むしろ従業員十人前後からなる小規模な会社が大半を占めている。そのなかには佐藤映画製作所のように、演出・撮影・その他各一人ずつのわずか三人からなる会社や、さらには宏昌映画製作所のように、鈴木宏昌一人だけからなる会社さえ見られる。これはいずれもアニメーション製作をおこなった会社であり、記録映画の会社と比較しても、はなはだしい零細ぶりである。これこそ作画と演出、撮影を個人ですべて賄えるならば、一人からでも製作できるアニメーションの特性が表れたものだろう。そしてこの水準の業者を、戦時体制はついに統合しきれなかったのである。

こうした業者一覧の存在は、戦時下にその情報が集約されていたことを示している。にもかかわらず統合が貫徹されなかったのは、戦況の悪化と物資の窮乏化に伴い、まず官庁側が小資本を取り締まることに割く余力と積極性を失ったからではないかと推察される。例えば一九四四年の映画法施行規則改正文書では、「群小文化映画製作業者ニシテ未ダ廃止届ヲ提出セザルモノ少数アリテ整備促進中」としながらも、一元統制をおこなう業者と関係官庁の連絡協調は「極メテ円滑」と評価され、そのため従来は定期的に求められていた届出が、「事務上ノ労力多キニ比シソノ効果少ク若シ必要アルトキハ之等統制セラレタル少数業者ニ就キソノ都度調査スルヲ以テ足ル」とされ、廃止されているからである。[50]

さらに、一九四五年三月七日、大日本映画協会理事長・城戸四郎の名で発行された文書では、なお残る小企業について、「是等ヲ改メテ整理ノ対象トスル場合ニハ「寝テル子ヲ起ス」ノ例ニ漏レズ事態ヲ紛糾セシムル可能性」があるとしながらも、一方では「既成三団体ガ依然不平ヲ唱ヘル如ク政府当局ノ口約ノ不実行ニ対スル批難亦免カレズ」と記述され、統合の陥ったジレンマが指摘されている。[51]

その後、一九四五年六月一日には、映画統制の主導権が、社団法人映画公社へと移行した。[52] この事実上の業界団体への権限の委譲が、業者間と官庁との紛争再燃を避ける現状追認的な消極策を維持せしめ、統制は貫徹をみないまま、敗戦による時間切れを迎えたと思われる。

4　軍からの委嘱映画製作

文化映画会社の戦時統合から外れた会社は、統合を尻目に軍からの委嘱によって、それぞれ事業を続けていた。製作業者として認可されず生フィルムの配給が受けられずとも、軍が企画する映画の場合には、独自にフィルムが供給されたからである。津村秀夫は、統合問題が解決せずフィルムの配給がなくとも、「航空本部とか、或は教育総監部とか、海軍の方だとか、それぞれフィルムを下さるし、その委嘱映画で十分やつて行ける」[53]と指摘している。

統制側である情報局情報官で海軍機関中佐の上田俊次も、志願兵募集や作戦記録のための映画は、情報局発足後も従来どおり海軍主導で製作すると発言している[54]。そして映画臨戦体制の発表時にも、政府案では「官庁映画は陸海軍以外は之を廃止する」[55]とされていた。つまり映画法施行後も映画臨戦体制への移行後も、軍主導の映画製作枠組みは残存していたのである。

また、文化映画会社の統合案が打ち出されたときも、業者側は「軍製作の映画は何処で製作するか」と尋ねている。官庁側の回答は、「製作中のものはなるべくそのまゝその会社に於て製作」するが、シリーズ物であるか、完成までにかなりの時日を必要とする場合は、「新会社なり日映なりにスタッフ共含めて引継ぐ方針」であり、それ以降の作品は「或るものは日映、或るものは新会社に於て製作せしめる」[56]というものだった。この質疑からは、軍主導の映画製作が文化映画業界とその監督官庁に、一つの事業として認知され続けていたことがわかる。こうした官庁側の姿勢の不統一もまた、文化映画会社の統合が貫徹しえなかった要因の一つだった。

ではこの軍からの「委嘱映画」の内容は、どのようなものだったのだろうか。

陸軍航空本部航務課の木下少佐は、「一般に公開されて居る航空映画の他に、軍に於ては教育用として幾多の映画を作製して居る」として、その概要を説明している。

例へば、爆撃の照準眼鏡測定の教授には機上に於て一々の生徒に就き教官が指導するよりも、映画で以て眼鏡の照準状態の正否を撮影し、之を映写して具体的に知らしめた方がより簡単である。その為に「爆撃理論」と言ふ一本の映画が纏められる。[57]

この説明にみられるように、軍が委嘱する映画のなかには、兵士教育用の映画が含まれていた。[58] 横シネ社長の佐伯は、海軍からの委嘱映画について、以下のように回想している。

当時の海軍省の教育本部から要請がありまして、航空要員を迅速に拡充するために映画によってこれを教育しようじゃないかという企てが出来まして、横浜シネマ、東宝、理研の三社が指定を受けて術科映画を作ることになりました。[59]

こうした航空兵養成のための「術科映画」製作を軍から委嘱されることによって、横シネは文化映画会社の統合から外れてなお、その事業を継続したのである。

佐伯が回想しているように、東宝もまた、こうした映画を製作する部門を備えていた。[60] 航空教育資料製作所（航資）である。

東宝は既述のように、もとから文化映画部を置いていたが、これは業者の整理統合によって日本映画社に吸収された。しかし、その人員がすべて日映に異動したわけではなく、軍からの委嘱製作をおこなうために編成された「特別映画班」に編入された人々もいた。これは、主として特殊撮影やアニメーションの技術者たちであり、長篇劇映画『ハワイ・マレー沖海戦』（監督：山本嘉次郎、一九四二年）で特殊技術監督を務めた円谷英二などが含まれた(61)。

こうした技術者を用いて軍関係の映画を製作するため、東宝は映画科学研究所を設立し、その内部に航空資料研究所を設けた。これが一九四二年十二月に、前述の航資となった(62)。

航資の目的は、「最も直接的に戦争に協力する事」として、以下のように記されている。

> 増産意欲の昂揚然り、映画兵器に依る航空戦闘法或は術科の錬磨然り。最高の映画技術を縦横に駆使して緊迫せる現下の要請に応えるべく、厳然たる規律の下、熱火の意気を以て敵撃滅の一途に邁進しつゝあるのが「航資」の姿である(63)。

航資が製作した術科映画は敗戦後に焼却処分されたと言われ(64)、現在その全体像をつかむことは難しいが、関係者による談話や資料によれば、その総数は二十七本とも五十三本ともされている(65)。この量からわかるように、航資は決して軍からの委嘱製作を細々と請け負った小規模な工場ではなく、その人員数は三百人近いものであったという(66)。

ほかの事業所や同業他社とその規模を比較するならば、まず整理・統合が進んだ後の東宝撮影所の人員数は千人前後で推移していた(67)。また文化映画製作会社では、統合後の朝日映画社の職員数が二百六十八人、電通映画社が百二十五人、理研科学映画社が百四十人であった(68)。航資は、統合後の文化映画会社以上の職員を抱える事業所だったことになる。

ただし術科映画製作には、より零細な会社も関わっていた形跡がある。文部省製作の教育映画をはじめ、官公庁や企業からの委嘱でアニメーション映画を手掛けていた山本早苗は、映画技師の茂原英雄のもとで、「海軍の兵器分解や軍事総典の分解図、潜水艦の操縦法、戦艦の戦法やジグザグ操縦法等を動画と線画で解説(69)」する仕事で多忙だったという。

茂原はもともと、新興キネマの東京撮影所から現像やプリントを請け負う茂原研究所を所有しており[70]、これは元来、録音ステージと三つの特殊撮影室などを有するポストプロダクションの工場であった[71]。しかしこれに加えて茂原は、山本の回想にみられるように、アニメーターを抱え込み、軍からの委嘱製作を請け負っていたのである。さらに彼らは、術科映画製作にとどまらず、「茂原描画研究所」として四巻のアニメーション映画『桃太郎のアメリカ征伐』（仮題）という企画を立案している[72]。

つまり文化映画や官公庁の委嘱映画関係の事業者には、軍に接近することで統合を逃れ、その独立を維持した事例が、組織規模の大小を問わずあったのである。そしてそのなかでも特に、術科映画製作という事業は、軍事機密を扱うという仕事内容の秘匿性とは裏腹に、むしろその規模からみれば、当時の短篇やアニメーション映画の領域で一つの大きな潮流を形成していたといえる。

しかし同時にこの事業は、軍からの委嘱があってはじめて成り立つきわめて不安定なものであり、企業活動の自由や自律性を欠いた枠組みでしかなかった。したがって敗戦後に術科映画の需要がなくなると、東宝は航資の人員を本社に新設された教育映画部へと異動させたが、同部は不要不急の人員を抱えた不採算部門と見なされ、第三次東宝争議の結果、分離独立して東宝教育映画株式会社になった後、一九五二年に解散した[73]。

横シネでは、戦時下の特需による矛盾が、より早く現れた。横シネは一九四〇年には傘下に、前述の横浜シネマ研究所を発足させていたが、ここでは独自に長篇アニメーション映画『こがね丸』の製作が始まっていた。これは横シネで教育映画の監修を務めた青地忠三が、海軍省後援の記録映画製作のために赴いた上海で、ディズニーの『白雪姫』（監督：デイヴィッド・ハンド、一九三七年）を観賞したことをきっかけに立案した企画で、その製作のためにフライシャー兄弟による『ポパイ』シリーズの作画技法などの分析がおこなわれていた[74]。四一年七月に情報局後援のもとでおこなわれた「映画新体制展」ではその製作過程が展示されているから[75]、この時点で横シネはアニメーション業界を代表する業者だったといえるだろう。

しかし横シネで術科映画製作が多忙になると、『こがね丸』に回す人員は不足し始め、一九四二年二月に製作が中断した[76]。これは文化映画会社統合離脱以前の時期にあたるから、それ以前から横シネは術科映画製作の繁忙期にあったことになる。むしろ術科映画の大規模な受託は、統合離脱後も事業を存続しうる枠組みでさえあった。『こがね丸』製作は、術科映画製作の拡大によって、その内容のいかんを問わず頓挫したのである。

アニメーション映画自体が軽視されていたわけではなかった。横シネは術科映画以外でも、大藤信郎を招いて海軍省の影絵戦記映画『マレー沖海戦』（演出：大藤信郎、一九四三年）を製作している。『こがね丸』と『マレー沖海戦』がたどった経緯の対称性は、一つの映画会社が新スタジオを建設して研究開発をおこなうという先行投資に基づいて進められた自主企画を、戦時体制が頓挫させたとともに、一方で軍需映画ではその蓄積が活用された事例としてみることができる。

ただし、こうした事例をして横シネを、戦時体制の一方的な被害者と見なすことは難しい。横シネはもとより、軍の近くで映画を製作してきた会社だった。仮に横シネが戦時期の統合に加わったとしても、彼らは正式に時局に即した文化映画や委嘱作品を製作しただろう。

民間の技術進歩が軍事研究によって生み出されるという事例は、軍事目的以外に資源を動員できない社会の欠陥を示す現象でもある[77]。横シネのたどった軌跡は、軍事に寄り添うことによってしか、映画会社がアニメーションや記録映画への投資を回収しえない、近代日本の社会文化構造の偏頗さを示した一事例といえる。

おわりに

本章は業界構造の描出によって、アニメーションを含む文化映画業界が、どのようにして戦時宣伝の映画製作を手掛けるようになったかを論述してきた。彼らは映画法の施行や対英米開戦以前から、軍を委嘱や後援元の一つとしていたのであり、その関係は必ずしも戦時下に限定された特殊なものではなかった。

横シネ社長だった佐伯は後年、かねてからの海軍との関係が、戦時下での術科映画製作にまでつながっていたことを自ら語る一方で[78]、「戦争をクリエートするということについて協力した覚えは」なく、「国家に協力するということが、われわれ国民としての当然の義務であり、また、われわれがやらなきゃならなかった[79]」と述べている。これは実業家としての、偽らざる心情だろう。

とはいえ先述の『海の生命線』は、ミクロネシア諸島の軍事的重要性を説く内容を備えていて、「南洋群島ノ実情ヲ詳ニシ其ノ産業並国防的価値ノ重要性ヲ描写」した映画として、海軍省から感謝状を贈られてさえいた[80]。委嘱や後援元が軍である場合、その論理を映画のなかで代弁することは戦意高揚や国防意識の増進と間断なくつながっていたのであり、それらを分かつことが困難なところにこそ危うさがある。

総動員体制下の映画統制のなかにあっても、統制に従わず事業を継続しながら、軍からの委嘱映画を製作した業者があったことにも注意を払う必要がある。これは戦時統制をおこなわんとする政府側諸機関の意志や行動が一枚岩とは言い難いものを示す事例でもあるが、同時に統制下でも業者側が、自己の利益を最大化すべく動いていたことを意味しているのであり、なればこそ彼らの事業は時局的な映画製作へと収斂していったといえる。

この点で、政府機関による文化映画製作業者の事業統制は貫徹しえなかったが、彼らが生産する映画内容の均質化は一定の成果をみせていたといえる。しかしそれは、軍からの委嘱映画や官公庁による後援映画の製作を恒常的な事業としていた業界構造によって、あらかじめ準備されていたものだったのである。

海軍省を後援元として松竹が製作した『桃太郎 海の神兵』もまた、この構造がもたらした多くの事例の一つにすぎないとみるべきだろう。

注

(1) 木下千花「映画の歴史、歴史の映画——研究の現在と今後の展望」、谷川建司編『映画産業史の転換点——経営・

継承・メディア戦略』所収、森話社、二〇二〇年、四一二―四一三ページ
（２）ピーター・B・ハーイ『帝国の銀幕――十五年戦争と日本映画』名古屋大学出版会、一九九五年、古川隆久『戦時下の日本映画――人々は国策映画を観たか』吉川弘文館、二〇〇三年、加藤厚子『総動員体制と映画』新曜社、二〇〇三年
（３）Jonathan Clements and Barry Ip, "The Shadow Staff: Japanese Animators in the Tōhō Aviation Education Materials Production Office 1939-1945," *Animation: An Interdisciplinary Journal*, 7(2), 2012, p. 194.
（４）佐野明子「日本アニメーションのもうひとつの源流――一九二〇～四〇年代前半における教育アニメーション」、大塚英志編『動員のメディアミックス――〈創作する大衆〉の戦時下・戦後』所収、思文閣出版、二〇一七年
（５）雪村まゆみ「戦争とアニメーション――職業としてのアニメーターの誕生プロセスについての考察から」、ソシオロジ編集委員会編「ソシオロジ」第五十二巻第一号、社会学研究会、二〇〇七年、古田尚輝「映画法施行下の漫画映画」「成城文芸」第二百三十七・二百三十八号、成城大学文芸学部、二〇一六年
（６）雨宮昭一『占領と改革』（〔「シリーズ日本近現代史」第七巻、岩波新書〕、岩波書店、二〇〇八年）、野口悠紀雄『1940年体制――さらば「戦時経済」』（東洋経済新報社、一九九五年）、山之内靖、伊豫谷登士翁／成田龍一／岩崎稔編『総力戦体制』（〔ちくま学芸文庫〕、筑摩書房、二〇一五年）、など。
（７）長田謙一編『国際シンポジウム 戦争と表象／美術 20世紀以後記録集』美学出版、二〇〇七年、ミツヨ・ワダ・マルシアーノ「多様な日本の「戦後」、そしてその歪み」、ミツヨ・ワダ・マルシアーノ編著『「戦後」日本映画論――一九五〇年代を読む』所収、青弓社、二〇一二年
（８）山崎文徳「アメリカの軍事技術開発と「デュアルユース技術」の軍事利用」「歴史評論」第八百三十二号、歴史科学協議会、二〇一九年、六〇―六三ページ
（９）ジャック・ル＝ゴフ『時代区分は本当に必要か？――連続性と不連続性を再考する』菅沼潤訳、藤原書店、二〇一六年、一八四―一八六ページ
（10）中村政則『戦後史』（岩波新書）、岩波書店、二〇〇五年、五―七ページ
（11）「松竹本社に動画課新設」「映画旬報」一九四一年六月二十一日号、映画出版社、一〇ページ

(12)日本映画雑誌協会編『映画年鑑 昭和十八年』日本映画雑誌協会、一九四三年、三九〇ページ
(13)「松竹動画研究所製作活動活発化」「映画旬報」一九四三年五月十一日号、映画出版社、五ページ。ただし実際には、日映の記録映画の影響が随所にみられるものの、提携製作はおこなわれていない。
(14)「漫画を二本松竹の製作本数割当」「映画旬報」一九四三年八月二十一日号、映画出版社、五ページ
(15)前掲『映画年鑑 昭和十八年』三九〇―三九一ページ
(16)「漫画執筆者養成女性に呼び掛く」「映画旬報」一九四三年六月十一日号、映画出版社、五ページ
(17)「漫画映画製作界の現在」「同盟通信 映画・芸能」一九四四年六月二十八日号、同盟通信社
(18)このほか短篇では、政岡と瀬尾が共同で演出し、電波探知を題材とする構想だった『僕等は海軍志願兵』が未完に終わっている。政岡憲三「もうひとつの観点」「Film1/24」第二十五・二十六合併号、アニドウ、一九七八年、三六―三七ページ
(19)松竹株式会社編『松竹七十年史』松竹、一九六四年、二九九ページ
(20)前掲『総動員体制と映画』三六―三七ページ
(21)板垣鷹穂「教育映画の現況」「映画旬報」一九四一年七月十一日号、映画出版社、二二―三一ページ
(22)「東宝映画と文化映画部」「文化映画」一九四〇年十二月号、映画日本社、八八ページ
(23)『昭和十二年度(自昭和十二年八月二十六日 至昭和十三年一月三十一日)第一回事業報告』東宝映画、一九三八年、二ページ
(24)「ドキュメンタリストGESを標榜 芸術映画社」「文化映画」一九三八年二月号、映画日本社、二四ページ
(25)「文化映画プロデューサー座談会」「映画旬報」一九四一年五月十一日号、映画出版社、三九―四一ページ
(26)「文化映画研究」一九三八年十月号、「文化映画研究」発行所、八九ページ
(27)社歴は、以下を参照。ヨコシネディーアイエー編『映像文化の担い手として――佐伯永輔「ヨコシネ」の歩んだ70年』ヨコシネディーアイエー、一九九五年
(28)佐藤知条「映像から検討する映画『海の生命線』の特徴――教育映画『南洋諸島』の分析に向けた研究ノート」「湘北紀要」第三十四巻、湘北短期大学・図書館委員会、二〇一三年

(29)文化映画懇談会「三橋認定官との質疑応答要領」「文化映画研究」一九三九年十一月号、「文化映画研究」発行所、四五三ページ
(30)清水晶「文化映画界回顧」「映画旬報」一九四二年二月一日号、映画出版社、三三ページ
(31)電通映画社社史出版委員会編『三十年の歩み』電通映画社、一九七三年、三八―四五ページ
(32)「製作業許可制を実施　劇九社・文化数社に近く決定」「映画旬報」一九四一年二月二十一日号、映画出版社、一三ページ
(33)「製作業許可下る」「映画旬報」一九四一年六月一日号、映画出版社、二一―二二ページ
(34)登川尚佐「文化映画の製作一元化について」「文化映画」一九四二年二月号、映画日本社、一九ページ
(35)鈴木勇吉「文化映画の統合問題　その三」「映画旬報」一九四一年十二月一日号、映画出版社、二七ページ
(36)「文化映画の統合軌道に乗る」、前掲「映画旬報」一九四二年二月一日号、七九ページ
(37)「内部分裂激化せる文化映画の統合」「映画旬報」一九四二年三月一日号、映画出版社、二〇ページ。大手側の電通がこうした行動をとったのは、朝日映画社主導での官庁による一社統合案を破綻せしめんとした工作の一環ではないかと思われる。
(38)「関東十七社古野氏に白紙一任して統合進む」「映画旬報」一九四二年三月十一日号、映画出版社、一九―二〇ページ
(39)「統合より離反せる横シネの問題」「映画旬報」一九四二年七月二十一日号、映画出版社、二九―三一ページ
(40)「文化映画の統合問題愈々発足」「映画旬報」一九四一年十一月一日号、映画出版社、六ページ。瀬尾光世の証言(一九八一年一月十八日収録)によれば、芸術映画社が製作した『桃太郎の海鷲』のダビング作業も横シネでおこなわれた。
(41)「目鼻のつかぬ文化映画統合」「映画旬報」一九四二年二月二十一日号、映画出版社、八ページ、前掲「内部分裂激化せる文化映画の統合」二〇ページ
(42)「文化映画の統合を如何になすべきか?」「映画旬報」一九四二年七月十一日号、映画出版社、一〇―一四ページ
(43)同記事一〇ページ

(44)日本映画雑誌協会編『映画年鑑 昭和17年』日本映画雑誌協会、一九四二年、一〇-一九—一〇-二〇ページ

(45)前掲「文化映画の統合を如何になすべきか?」一〇—一一ページ

(46)前掲「統合より離反せる横シネの問題」三一ページ

(47)「文化映画統合三社に決る」「映画旬報」一九四三年一月二十一日号、映画出版社、七ページ

(48)「文化映画の業者漸く三社案提出」「映画旬報」一九四二年十二月一日号、映画出版社、七三ページ。ただし一九四三年中には、統合以前からの惰性というべき作品も完成し、次々と封切られている。アニメーションでは、日本マンガフィルム研究所の『お猿三吉・闘う潜水艦』(一九四三年)や、佐藤映画製作所の『マー坊の落下傘部隊』(演出:千葉洋路、一九四三年)といった海軍省後援作品が、これにあたる。

(49)東京国立近代美術館フィルムセンター監修『戦時下映画資料——映画年鑑 昭和18・19・20年』第二巻、日本図書センター、二〇〇六年、五二四—五四一ページ

(50)「昭和十四年九月内務省令文部省令厚生省令第一号映画法施行規則中ヲ改正ス」一九四四年一月十四日

(51)「文化映画製作業者(以下業者トス)整理参考資料」、東京国立近代美術館フィルムセンター監修『映画製作関係(劇映画・文化映画)』(「映画公社旧蔵戦時統制下映画資料集」第九巻)所収、ゆまに書房、二〇一四年、五五三ページ

(52)前掲『総動員体制と映画』二六三—二六四ページ

(53)星野辰男/辻二郎/津村秀夫「教育映画 文化映画 宣伝映画を巡って」「日本映画」一九四二年八月号、大日本映画協会、九二ページ

(54)「業界最近の諸問題検討 新しき映画道を拓け!」「映画旬報」一九四一年一月一日号、映画出版社、二四ページ

(55)「当局電撃的に臨戦体制発表 劇映画は二社、配給は一元化」「映画旬報」一九四一年九月一日号、映画出版社、七ページ

(56)前掲「文化映画の統合問題愈々発足」七ページ

(57)木下少佐(談)「航空と映画」、前掲「映画旬報」一九四二年十二月一日号、二三ページ

(58)後述するように、こうした映画はほとんど現存していないとされるが、後年アメリカから返還された資料を用いた

研究は、雪村まゆみ「軍事教育映画はいかにして制作されたか――視覚化の論理を手がかりに」（永田大輔／松永伸太朗編著『アニメの社会学――アニメファンとアニメ制作者たちの文化産業論』所収、ナカニシヤ出版、二〇二〇年）を参照。

(59) 前掲『映像文化の担い手として』三九ページ

(60) ほかに理研科学映画社も「陸海軍教育映画」を製作している。理研科学映画編『理研科学映画創立五周年』理研科学映画、一九四三年、三三ページ

(61) その詳細な来歴については、木村智哉「造型技術映画『ムクの木の話』の成立基盤――東宝のスタジオ史とスタッフ構成から（上）」（上村清雄編『歴史＝表象の現在』〔「千葉大学大学院人文社会科学研究科研究プロジェクト報告書」第二百七十九集〕所収、千葉大学大学院人文社会科学研究科、二〇一四年）一七〇―一七三ページを参照。なお、戦後に漫画家の「うしおそうじ」として活動した後、アニメーションや特撮番組を製作するピープロダクションを立ち上げた鷺巣富雄が、航資で軍から受注した作品のアニメーターを務めていたと回想している。うしおそうじ『手塚治虫とボク』草思社、二〇〇七年、二三七ページ

(62) 林穎四郎「［日本映画史のミッシング・リンク／東宝の航空教育資料製作所］〈上〉東宝の航空教育資料製作所の生い立ち」「映画テレビ技術」第六百四十三号、日本映画テレビ技術協会、二〇〇六年、五〇―五三ページ

(63) 「職場写真紹介　航空教育資料製作所」、東宝産業報国会編「東宝産報会報」一九四四年四・五月号、東宝産業報国会、二ページ

(64) 関口敏雄「東宝文化・教育映画制作の系譜をたどる――東宝30年史の一側面として」「短編フィルム」第七巻第十二号、ユニ通信社、一九六二年、二〇ページ。公金に基づく成果物である術科映画の記録が乏しいことには、軍事への関与による情報非公開性の問題をみることができるだろう。理研科学映画の社史でも、委嘱映画の一覧に「陸海軍教育映画ハ除ク」と記載されている。前掲『理研科学映画創立五周年』五八ページ

(65) 前掲「東宝文化・教育映画制作の系譜をたどる」二〇ページ、林穎四郎「［日本映画史のミッシング・リンク／東宝の航空教育資料製作所］の補遺〈総括編〉〈下〉航空教育資料製作所の製作した作品群のリスト」「映画テレビ技術」第六百四十七号、日本映画テレビ技術協会、二〇〇六年、四六―四九ページ

(66) 前掲「東宝文化・教育映画制作の系譜をたどる」一九ページ
(67)「社員数より見たる十年間の成長」『東宝映画十年史抄』東宝映画、一九四二年
(68) 前掲『映画年鑑 昭和十八年』三九八―四〇二ページ
(69) 山本早苗『漫画映画と共に――故山本早苗氏自筆自伝より』宮本一子、一九八二年、一一八―一一九ページ
(70)「茂原研究所を拝見する」「経済マガジン」一九四〇年四月号、ダイヤモンド社、三一ページ
(71)「映画製作施設一覧」、前掲『戦時下映画資料』第二巻所収
(72) 木村智哉「戦時期日本における長編アニメーション映画製作事業の推移とその特質――国際比較と未完成作の分析から」「千葉大学大学院人文公共学府研究プロジェクト報告書」第三百三十三巻、千葉大学大学院人文公共学府、二〇一八年
(73) 木村智哉「造型技術映画『ムクの木の話』の成立基盤――東宝のスタジオ史とスタッフ構成から(下)」、上村清雄編『歴史＝表象の現在Ⅱ――記憶/集積/公開』(「千葉大学大学院人文社会科学研究科研究プロジェクト報告書」第二百九十四集)所収、千葉大学大学院人文社会科学研究科、二〇一五年、一七九―一八〇ページ
(74) 前掲「戦時期日本における長編アニメーション映画製作事業の推移とその特質」一二〇ページ
(75)『映画新体制展覧会録』日本映画雑誌協会、一九四一年
(76) 前掲『映像文化の担い手として』三六ページ
(77) V・パーロ『軍国主義と産業――ミサイル時代の軍需利潤』清水嘉治/太田譲訳、新評論、一九六七年、五八ページ
(78) 佐伯永輔/志村正順(対談)『私の歩んだ道』横浜シネマ現像所、一九六七年、三四ページ
(79) 前掲『映像文化の担い手として』四七ページ
(80)「国防映画「海の生命線」に対し大角、鳩山、永井三大臣激賞 海軍省より製作に感謝状を送らる」「キネマ週報」一九三三年十一月三日号、キネマ週報社、一五ページ

第6章　『桃太郎　海の神兵』の実験と宣伝

佐野明子

はじめに

『桃太郎 海の神兵』（監督：瀬尾光世、一九四五年。以下、『海の神兵』と表記）（図1・2）は、アニメーション研究、映画研究、歴史研究などで言及されてきたが、近年もその重要性が認識され、研究され続けている（詳しくは本書序章「なぜ、いま、『桃太郎 海の神兵』を再考するのか」〔佐野明子／堀ひかり〕を参照）。筆者も『海の神兵』の映像テクスト分析を一度試みたが、(1)本章ではナラティブと技術面に着眼点を絞り、マルチプレーン・カメラに関する論考を加えて展開させていく。

『海の神兵』をめぐる言説の特徴として第一に挙げられるのは、「平和的」か「プロパガンダ」かという議論がおこなわれてきた点である。(2)手塚治虫が『海の神兵』を公開当時に観て、「戦争物とは言いながら、実に平和な形式をとっている」(3)「全篇にあふれる叙情性と夢が、私にはげしいショックを与えた」(4)という感想を記していて、のちの批評全般でも「平和的」「叙情的」な側面が強調される傾向がある一方、(5)国策映画としての側面を強調す

図1　『桃太郎 海の神兵』広告
（出典：「映画評論」1945年1・2月合併号、新映画、ページ数の記載なし）

る議論もまた提起されてきた。[6]

しかしこうした二項対立図式から離れて、『海の神兵』の映像テクストに目を向けると、日本のアニメーションの歴史的展開からは外れるような「過剰さ」あるいは「領域横断的」な側面に気づかされる。「プロパガンダ／平和」という枠には収まりきらないような、作り手たちのエネルギーや感性、思考が奔流しているようにみえるのだ。『海の神兵』は、多様で異質なスタイルが併存する実験性がきわめて強い作品であり、さらに形式と主題が相互に関連して物語世界を効果的に構築する点で、映像史のなかの重要な作品と見なせるのである。

本章では『海の神兵』をより包括的に捉えるために、映像テクストを分析する。具体的には、影絵アニメーション、ミュージカル映画、ドキュメンタリー映画、物語映画の話法、プレスコ、透過光、マルチプレーン・カメラに着目する。『海の神兵』ではジャンル横断的な映像が並置され、先駆的な映像実験がおこなわれるが、物語映画の話法が適宜用いられることによって、多様なイメージが拡散することなくストーリーへ収束され、軍国主義的な国民＝主体形成を支持する主観的な映像という視覚経験が創造されて、『海の神兵』が観客を吸引しうる作品になるさまを検証していく。本章は、瀬尾のプロキノ時代から培ってきた宣伝力と確かな演出力に基づく映像実験、政岡憲三や古関裕而のようなプロフェッショナルだけでなく新聞公募を通して集められた素人のスタッフ（女性を含む）総勢七十人による協同作業[7]、そして戦時期の社会情勢が関わることで、『海の神兵』が映像史上で稀有であり、かつ今日的な意義を有する作品になっていることを明らかにするものである。

図2　『桃太郎 海の神兵』の一場面
（出典：松竹事業部編『桃太郎 海の神兵』劇場パンフレット、松竹、1984年、ページ数の記載なし）

1　影絵アニメーションの新規性と意義

『海の神兵』は、海軍落下傘部隊によるインドネシアのスラウェシ島への降下作戦の実話をベースに描くもので、四部構成になっている。第一部では海軍兵士が日本の故郷で家族と過ごすさま、第二部では海軍兵士が占領地で過ごすさまと影絵アニメーション風のシークエンス、第三部では海軍兵士が敵地に攻め込んで無条件降伏を承諾させるさま、第四部では子どもたちが日本で体を鍛えるさまを描いている。

作品の大部分が漫画的な絵によるアニメーション・ドキュメンタリーのスタイルを基調にしている[8]が、第二部の最後に影絵アニメーション風のシークエンスが挿入されている。そこでは「ゴワの王様」が治める国が欧米人を連想させる異国の商人（実際は海賊）に侵略されるエピソードが、伝説として語られる。シークエンスのラストでは「月明明るき夜、東方天子の国より白馬にまたがりたる神の兵来たりて、必ずや民族を解放せん」と石像に記された文が読み上げられて締めくくられ、次のシークエンスの冒頭では桃太郎をはじめ日本兵たちが登場し、「神の兵」が日本兵であり、日本の侵略行為の正当性を主張するエピソードになっている。

この影絵のシークエンスで重要なのは、製作方法が切り紙ではなく、手で描かれている点だろう。ここはセル・アニメーション手法を日本で牽引した政岡憲三が担当していて、当時の一般的な影絵アニメーションとは異なる特徴がみられる。具体的には、滑らかな運動、多様なアングル（俯瞰、ハイアングル、ローアングル、斜めのアングルなど）、深いパースペクティヴや灰色の多彩な濃淡による立体的空間の創出などが挙げられる。

さらに、多様なショットサイズも使われた。異国の商人がゴワの王様に謁見するとき、商人と侍従はウエストショットやバストショットで提示しているが、これは実写の物語映画の会話場面での切り返し編集で一般的にみられるショットサイズである。また、商人の手をしばしばクローズアップで捉えて彼の嘘や卑怯さを示すという、物語性を強調する演出がある。このようにして、影絵アニメーション風のシークエンスは、影絵アニメーション一般にみられる演劇性が後景化され、物語性が前景化されている。

瀬尾の回想によると、政岡は当初、実際の影絵劇のように、ショットサイズを変えず、ゴワの王様と異国の商人のやりとりだけで侵略行為を描き出すという「演劇的」な演出を考案していた。[9] 影絵アニメーションはもともと東南アジアの影絵劇から発祥し、かつ当時は南方向けの「輸出映画」として注目されていた[10]ことからも、政岡が「演劇的」な演出を志向したのはごく妥当な選択と思われる。しかし瀬尾は、「演劇的」よりも「映画的」な演出を志向していて、政岡の案に反対し、結局は政岡が折れたという。その結果、前述したような「（物語）映画的」な影絵アニメーション風のシークエンスが生まれた。それは瀬尾が「あのリアルな感じの影絵は、切り抜いた影絵では出ませんね[11]」と称賛しているように、当時の切り紙を用いた影絵アニメーションよりも現実感が増していて、前後のアニメーション・ドキュメンタリーのスタイルのシークエンスとの整合性を保つ役割を果たしてもいる。このようにして、それまでの影絵アニメーションとは一線を画する影絵表現が『海の神兵』で実践された。[12]

2 ミュージカルの宣伝力

『海の神兵』には、ミュージカル映画のナンバー(セリフではなく歌や踊りによって語る形態のナラティブ)が挿入されている。例えば第二部で、「アイウエオの歌」を歌い踊り、東南アジアの被占領民を想起させる動物キャラクターたちに日本語を教育するシークエンスがよく知られている。ここでは動物たち(=被占領民)の多様な言葉と運動が、集団的で画一的な言葉(日本語)と運動(音楽に合わせたダンス)に馴致されていくさまが、「大東亜共栄圏」のユートピア思想として描かれている。

瀬尾がミュージカル映画のスタイルを採用した理由として、まずは当時、黄金期にあったハリウッドのミュージカル映画が日本でも人気を博していたことが挙げられる。そして瀬尾が『海の神兵』を手掛ける前に、ディズニー長篇『白雪姫』(監督:デイヴィッド・ハンド、一九三七年)と『ファンタジア』(監督:ベン・シャープスティーン、一九四〇年)を観て感銘を受けた[13]ことや、中国の長篇『鉄扇公主』(監督:万籟鳴/万古蟾、一九四一年)が日本で公開されたことなども考えられるだろう。

さらにミュージカル映画は、娯楽性だけでなく、宣伝力も認識されていた。アメリカでは第二次世界大戦期にミュージカル映画が「プロパガンダ・エンジン」として機能していて[14]、日本でも「音楽映画」の向上が国策として目指されていた。また、リチャード・ダイアーはミュージカル映画の構造に、現実的な空間のナラティブとユートピア空間のナンバーを交互に繰り返しながら、最終的に現実的な空間がユートピア空間に変わるという特徴があり、ユートピア思想の宣伝効力があると指摘している[15]。実際、『海の神兵』の「アイウエオの歌」のシークエンスで、当時の日本のアニメーションが達成すべき目標とされていた「滑らかな動き」が実現されながら、音楽と動物キャラクターの躍動感が連携するさまは見事なスペクタクルになっていて、同時にユートピア感覚の強度も増している。セリフではなく音と運動を中心に置き、音と運動の画一化を聴覚的・視覚的に強くアピールするこの演出は、日本語を使用しない占領地の人々にも理解しやすいものになっている。

そもそもアニメーションの初期の作品は、モダニズムの理論家や芸術家の、特に政治的な革命思想を支持していた人々を魅了していた。(16) 今村太平やセルゲイ・M・エイゼンシュテインが、ミッキーマウスをはじめとするディズニーの短篇作品を高く評価した例はよく知られている。(17) アニメーションは新しい文化や社会のかたちの可能性を描き出しやすい特質があり、また、前述したダイアーのミュージカル映画論の前提に、エルンスト・ブロッホのマルクス主義的なユートピア思想があることに鑑みて、アニメーションによるミュージカル映画はユートピア思想への親和性を有すると見なせるだろう。

こうしたことを、瀬尾はおそらく自覚していた。なぜなら『海の神兵』の「大東亜共栄圏」のユートピア思想を謳うミュージカル調の演出は、占領地のシークエンスだけに施されているからである。瀬尾は一九三〇年代から、プロキノや官公庁、企業の委託作品という広義の「宣伝アニメーション」に携わっていて、その経験が『海の神兵』にも十分に生かされているのだろう。『海の神兵』でのミュージカル・ナンバーの挿入は、当時の国策にとっては観客に警戒心を抱かせることなく「大東亜共栄圏」のユートピア思想を宣伝しうる点で都合がよく、瀬尾にとっては依頼主の海軍省の要請に応えながら、かねてから参照してきたディズニーをはじめとするアメリカ製アニメーションのスタイルを追求する絶好の機会でもあった。

さらに重要なのは、このミュージカル・ナンバーの挿入が、ディズニースタイルの単なる模倣ではない点である。なぜなら『海の神兵』は『白雪姫』や『ファンタジア』とは異なり、アニメーション・ドキュメンタリーという比較的「静」の空間のはざまにミュージカルという「動」を配置して、「静／動」を対比的に演出しているからだ。この演出は、ミュージカル・ナンバーのシーンの躍動感をより高めるだろう。また、これほど対比的な演出は、当時の国策映画全般と比較しても珍しいものではあったが、手塚治虫が「アイウエオの歌」のシーンを称賛したように、(18) 観客の関心をそらせるものではなかった。こうした試みは、当時の「文化映画」を重視する国策のもとでこそ生まれたものではあるかもしれないが、やはり重要な映像実験の一つとして看過してはならないだろう。

3　音楽と映像の同期

『海の神兵』の「音」について、プレスコ（音声を先に収録し、そののちに映像を作成すること）を採用した点にも注目したい。現在の日本のアニメーション製作ではアフレコ（映像が収録されたあとに音声を収録すること）が主流になっているが、当時はプレスコも珍しくなかった。中野孝夫は一九三四年、政岡憲三は三九年からプレスコを採用していて、少なくとも五八年まではアフレコは主流ではなかった。それは当時のアニメーション製作で音楽が重視されていて、音楽と映像の同期が強く求められていたからである。[19] 日本のアニメーション製作に大きな影響を与えたディズニースタジオでは、長篇作品では『ファンタジア』を除いて、アフレコが一般的だった。[20] 中国の『鉄扇公主』でもアフレコが採用された。[21]『海の神兵』は一貫性があるストーリー（海軍落下傘部隊の降下作戦）を有しているが、そうした長篇作品でのプレスコは、当時において例外的な試みだったのである。

それでは、『海の神兵』でのプレスコの採用は、どのような効果をもたらしたのか。結論からいえば、プレスコは『海の神兵』でしばしば言及される「叙情性」と連携し、「柔らかさ」を表出して「柔」と「硬」を対置し、アニメーション特有の魅力を生み出すことに成功している。まず、叙情的な音楽が『海の神兵』に偏在している点に注目したい。例えば第一部、日本の田舎の平和な日常のシーンでは、古関裕而による叙情的な背景音楽と軽快な背景音楽が交互に配置されるなか、落下傘部隊の音が加わり、最後は作品の冒頭で流れた勇壮なテーマ音楽で締めくくられる（十四分三十五秒―十七分四十七秒）。軽快な音楽とともに幼い三太の鮮やかな「生」が浮き彫りにされる一方、叙情的な音楽や、落下傘部隊の音と勇壮なテーマ音楽によって、日本の田舎と戦場が接続され、海軍兵士の「死」の決意が対比的に強調されるのである。[22] ここで、プレスコによる風景の運動は音楽と連携し、音楽の視覚化に貢献している。音楽に合わせて作画された運動とその音楽が有機的に連携し、鯉のぼりがはためく姿やタンポポの綿毛が舞う美しく叙情的な風景が、このシーンの幹を形成している。

このような視覚化された叙情性は、さらに「柔らかさ」に結び付く。三太は幼い子どものぷっくりした柔らかい身体をもち、タンポポのふわふわした綿毛のように軽やかに柔らかく動き回り、そこに音楽が連携して、画面全体に柔軟な浮揚感が生まれている。対して、兄の海軍兵士はがっしりとした体格で、落下傘部隊の音響は硬い戦闘機を連想させ、「柔／硬」を対比的に描いている。

また、落下傘部隊のパラシュートは、兵器のなかで例外的に柔らかな質感をもっている。当時のアニメーション全般で、兵器はリアルに描かれる傾向にあり、戦闘機などの兵器の「硬さ」が表出されていた。[23] 一方、『海の神兵』第三部では、落下傘部隊が戦闘機から降下する際、パラシュートと兵士たちが第一部のタンポポの綿毛のような浮揚感を携えながら、叙情的な音楽とともに空から地面に降りていく。兵士たちが地面に降りた後も、パラシュートの紐が流麗に動くさまは、戦闘機の硬質性とは対極の「柔らかさ」をもつ。

さらに第二部で、占領地のヤシの木が現地の動物たちと一緒に歌に合わせて柔らかく踊るショットがある。ヤシの木の枝と、サルの長い手や動物たちの尻尾が柔軟に動くさまは、まさに初期のディズニー作品で多用された「ゴムホースのように描くアニメーション」[24] になっている。また、このヤシの木はディズニーの擬人化表現を想起させることからも、硬質的な兵器としての「日本」に対して、柔らかなヤシの木と動物たち（＝被占領民）を「日本化されるべき対象」としての「異質」なものとして、より際立たせる効果があるだろう。[25]

こうした映像面の不定形な動きを伴う「柔らかさ」は、エイゼンシュテインが指摘する「原形質性」の吸引力（どんな形にもなれるような不安定な形象の万能性が、人の心を解放し、人を引き付けて魅了すること）[26] をもつ。瀬尾は、この「柔らかさ」の魅力を、プレスコによる叙情的な音楽と連携させ、また、兵器の硬質性と対置させることでさらに増幅させた。それは、本作の「叙情的」な魅力がいまなお人口に膾炙している一因になっているだろう。

図3 『野に咲く花二題（蒲公英・薊）』（1942年）の「蒲公英」
（出典：鶴見香織、山田歩編『生誕150年 横山大観展』日本経済新聞社／毎日新聞社、2018年、191ページ）

もっとも、このように「柔らかさ」や「叙情性」が前景化されるからといって、『海の神兵』のプロパガンダ映画としての機能が劣るとはいえない。例えば、田舎の風景の叙情性は、当時の農本主義思想を肯定的に美化しているとも見なせる。農村共同体と農業生産を重視する農本主義は、戦時ファシズムの精神的支柱の一つになっていた。

そして、タンポポの綿毛が舞う描写は、絵画の分野で戦意高揚に奉仕した横山大観の『野に咲く花二題（蒲公英・薊）』（一九四二年）（図3）にもみられる。この作品は当時、「大観は誰よりもこの国土を愛します、そして彼処にも生々流転の哲学を花絮で現して居るのですよ……何か知らんわれわれの国土愛を唆るではありませんか」[27]と評されていて、愛国心を育む機能をもつことが看取されていた。こうしたことからも、『海の神兵』の田舎の風景の「叙情性」は、「平和的」な要素だけでなく、戦時ファシズムを支持する役割を果たしえていたと考えられる。

そして、前節でみたミュージカル・ナンバーのシーンでも同様に、プレスコによる音楽と運動の連携が物語性を凌駕し、「大東亜共栄圏」のユートピア思想を効果的に表出させていた。『海の神兵』は日本語や日本文化を共有しない占領地の人々も観客層に想定されていたため（実際は占領地で上映されなかったが）、音楽と運動という感覚的側面を強調するプレスコは、戦時イデオロギーを喧伝するために有効な手法だったのである。

4 色彩と空間の演出

第三部で、鬼ヶ島へ向かう輸送機内に「透過光」が使われているが、これはおそらく瀬尾が一九四一年の『アリチャン』で初めて、日本の線描によるアニメーションに導入した[28]。ディズニーなどの海外作品では透過光が三〇年代には既に用いられていて、映画評論家の今村太平は一九四一年の『漫画映画論』で、透過光を色彩の一つと見なしていた。今村によると、アニメーションの色彩は印象派やワシリー・カンディンスキーの色彩理論を継承していて、さらにプロジェクターの投射光線によって光もまた色彩として機能するのだという。例えば「シリー・シンフォニー」シリーズの『子どもの夢』（監督：グラハム・ヘイド、一九三八年）での光の効果について、今村は以下のように述べている。

もしも光輝としての色が、これらの場面から取り去られたら、このお伽話の縹渺とした夢見心地というものは全く生まれない……色の濃淡、つまりは光の明暗によって、空の遠近感を美事に出し得ている。とりわけ、パステル粉を一面に吹いたようなあの靄によって、広漠たる空間の印象も、ふわりふわりと浮いているような感じも、夢見るような気分も共に出ている。この靄の如き色彩も結局はフィルムを透過した、極度に鈍い光にほかならない[29]。

この「光輝としての色」を、瀬尾は実際に『アリチャン』で月の光として取り入れ、月夜の虫たちのお伽話の「縹渺とした夢見心地」や野原の「広漠たる空間の印象」も表出してみせた。そして、瀬尾は『海の神兵』において、出撃前の兵士たちの顔の暗さと背景の透過光の明るさを対比的に描いた演出については、「モノクロだからあの効果が出たんでしょうね。カラーだと余分な色が入ってしまってあんな感じは出ませんね(30)」と語っている。確かに、『海の神兵』は白黒作品ではあるものの、灰色のグラデーションが細やかに施されていて、そのような色彩の一つとしても透過光が十全に機能している。瀬尾はまた、「輸送機の中の暗さを表現するため、窓から入ってくる光を強烈に出そう(31)」としたという。実際、透過光によって機内の暗さが引き立てられていて、それとともに、暗く平面的な画面のなかで明るく立体的な光が空間の広がりを表出させるという効果も表れている。『海の神兵』の透過光は、色彩や空間の演出で重要な役割を果たしていて、それは当時の先駆的な試みだったといえるだろう。

5　物語映画の話法をもつアニメーション・ドキュメンタリー

『海の神兵』ではこれまで検討してきたように、映像表現の実験が様々に試みられているが、プロパガンダ映画としての物語内容を観客が円滑に理解できるように、基本的には一般的な物語映画の話法、いわゆる古典的デクパージュのコードに沿って構成されている。それはアンドレ・バザンが「連続的で均質な現実という印象(32)」と形容したような、ストーリー展開を自然に見せ、映像の心理的な本当らしさを表出し、ショット間を滑らかに接合するスタイルである。

なかでも終盤、桃太郎が鬼(＝連合軍)に無条件降伏を迫るという、山下奉文中将がアーサー・パーシバル極東軍司令官に無条件降伏を迫った実話を彷彿させるシーンでの切り返し編集は[33]、これまで配置されてきた多様なスタイルの映像が観客に拡散的な印象を与えず、「日本の勝利」という一義的な物語内容へと導くための有効な手法になっている。

まず、鬼たちと桃太郎の対話が、主にウエストショットで、切り返し編集によって提示される。鬼のショットではしばしば、鬼の角が画面外に出て、画面内には「白人の顔」として提示され、鬼が実際は連合軍を示していることが強調されている。交渉の開始時点では、鬼が煮えきらない態度をとったために桃太郎が怒り、交渉を中止しようとする。するとショットサイズが大きくなり、バストショットまたはクローズアップで、困惑する鬼たちと、断固たる態度をとる桃太郎の対話が、切り返し編集によって提示される。また、桃太郎の顔が画面外にはみ出すほどの大きなクローズアップがあるが、ここまで大きな顔のクローズアップは、当時のアニメーションではほとんどみられない。これはクライマックスの緊迫感を高め、桃太郎（＝日本）の「偉大さ」を強調する効果を狙ったものだろう。

そして、桃太郎はあまり動かない「硬い」身体、鬼たちはぐにゃぐにゃとせわしなく動く「柔らかい」身体が示され、「硬い＝強い＝日本／柔らかい＝弱い＝連合軍」として対置されている。桃太郎の力強い声と、鬼たちの吃音の話し方も、この対比を補強する。このように、過剰なまでに「桃太郎（＝日本）の偉大さ」や「鬼（＝連合軍）の弱さ」を強調することで、劇的なクライマックスを演出し、観客がこれまで享受してきた多様な表現スタイルや情動を、「日本の勝利」へ収斂させる役割を果たしている。さらにその後、日本に場面が移り、子どもたちが体を鍛えてアメリカ上陸を目指すさまが短く示され、そびえたつ富士山とテーマ曲が重なり合うことによって「日本の勝利」がさらに補強され、作品は終了する。

このように『海の神兵』では、ドキュメンタリー映画の話法で「戦場の兵士たちの苦労」が描かれるとともに、クライマックスでは劇的な盛り上がりが配置された。その要因の一つには、『モロッコ』（監督：ジョセフ・フォン・スタンバーグ、一九三〇年）のようなハリウッド古典映画への瀬尾の志向が挙げられる[34]。また、中国の『鉄扇公主』の影響も考えられる。『鉄扇公主』が作品の終盤にクロス・カッティングを配置して、孫悟空たちと牛魔王の戦いにサスペンスを加えたように、物語映画の普遍的な語りでラストの見せ場を作るという点は双方に共通している。ただし、『海の神兵』は『鉄扇公主』とは異なり、ドキュメンタリー映画のスタイルを基調にしているため、『街の灯』（監督：チャールズ・チャップリン、一九三一年）を彷彿させるような切り返しの反復を終盤に置く演出は、異質なスタイルの共存であり、実験的なものだったのである。[35]

6　マルチプレーン・カメラによる対比的な空間とアニメティズムの萌芽

最後に、『海の神兵』のマルチプレーン・カメラがもたらす「平面性」に着目して検討したい。前節で指摘した、桃太郎の画面外にはみ出すほどの大きなクローズアップのように、『海の神兵』に登場するキャラクターの身体や物体はしばしば、フレームの枠を超える特徴がみられる。マルチプレーン・カメラの複数のレイヤーによって立体的な空間が構築される一方、前景のレイヤーに大きく映される身体や物体によって平面的な空間も構築されているのである。平面的な空間は一九三〇年代の日本のアニメーションの弱点であり、克服すべきものと見なされていたにもかかわらず、[36]なぜあえて『海の神兵』にこのような「平面性」が導入されたのだろうか。

フレームを超える身体は、遠近感を誇張して強調するエイゼンシュテイン風のスタイルを表出するほか、[37]観客に画面外空間の広がりを想起させる「遠心的」な性質をもつ点に注意したい。一九三〇年代の多くの日本のアニメーションにみられた平面性は、観客の視線を画面内に集中させる「求心的」な性質をもっていた。一方『海の神兵』のフレームを超える身体は、観客の視線を画面外へ導き、画面外に広がる世界の存在を強調する。それは、日本軍の領土拡張の野望と相関し、大東亜共栄圏の建設という物語世界を効果的に演出している。

そうしたスタイルはまた、葛飾北斎の風景画にも共通した性質がみられる。例えば『富嶽三十六景 凱風快晴』（一八三〇―三四年頃）の富士山は左右非対称で、フレームから切り取られていて、観る者の視線を画面外へ誘導する。また、『富嶽三十六景　神奈川沖浪裏』（一八三〇―三四年頃）では、観る者は画面奥の富士山へ視線を送るよりも、大波の線に沿って平面上に視線を走らせることで大波のダイナミズムを感じ取ることができる。[38]このような、風景の一部をフレームで切り取るような近世の日本画の構図についてはエイゼンシュテインも着目していて、[39]例えば『全線　古きものと新しきもの』（監督：セルゲイ・ミハイロヴィチ・エイゼンシュテイン／グリゴリー・アレクサンドロフ、一九二九年）では、人物の身体や物体を北斎と同様の構図で示している。しかし、こうしたスタイルは当時のアニメーションではほとんどみられず、『海の神兵』の先取性と特異性を際立たせている。

このような『海の神兵』の平面性は、瀬尾が目指してきた奥行き表現（例えば『アリチャン』で日本初のマルチプレーン・カメラを導入）によって、対比的に強調される。トーマス・ラマールは『海の神兵』の奥行き表現について、戦車が道の先を砲撃する様子を戦車のなかから見る視点に着目し、それが幾何学的遠近法と弾道的な視覚との結び付きを連想させるものであり、そのような「シネマティズム」は当時のディズニー長篇に共通すると指摘している。[40]ラマールはまた、マルチプレーン・カメラのレイヤーが相互に自律して動くことによって生じる「アニメティズム」は現代の日本アニメにみられる特徴だが、『海の神兵』にはまだ存在していないとも判断している。ただし、瀬尾（およびマルチプレーン・カメラを製作した持永只仁）は『アリチャン』の月夜のコスモス畑のシーンから既に、レイヤーを動かして映像効果を表出させる試みを実践していたことは留意したい。『海の神兵』では例えば、日本軍の兵士が輸送機から空を見たときに雲が流れゆくさまは、複数のレイヤーの雲のイメージがそれぞれ異なるスピードで動くことによって表現されていて、戦後の日本アニメと必ずしも切り離せるものではない。[41]少なくとも、『海の神兵』の「立体／平面」の対比的な空間は、これまでに検討した「静／動」「柔／硬」「明／暗」などの対比構図とともに、劇的な誇張表現としての視覚効果を生み出し、かつアニメーションに特有の、観客にとってすべての形象が等質的に見えやすく現実のものとして認識しにくいという難点をカバーするものともなりえている。[42]したがって、『海の神兵』のマルチプレーン・カメラによる映像効果は、マルチプレーン・カメラを開発し普及させた同時代のディズニー作品とは異質のものであり、やはり『海の神兵』に独創性をもたらす一因となっているのである。

そして、ここまでみてきたように、『海の神兵』ではアメリカ製アニメーションやハリウッド古典映画の普遍的な形式と、日本の地域性（日本の田舎の風景、「大東亜共栄圏」の物語、キャラクターの顔立ち[43]〔図4〕）が組み合わされることで、日本軍の勝利という空想的な物語世界が構築されている点も指摘しておきたい。ジャクリーヌ・ベルントは、現代の日本アニメの特徴は「普遍的な形式」で「地域性」を表出している点にあると指摘している。[44]『海の神兵』はこれまで主に、集団製作での分業制の確立や、マルチプレーン・カメラによるレイヤー表現が、現代の日本のアニメーションの起点にあたると指摘されてきたが、ここで検討した「普遍性と地域性の融合」や、中国やロシアなど諸外国の作品を積極的に参照する点[45]でも、やはり『海の神兵』は戦前から現代の日本の作品群へ向かう流れのなかにあると見なせるのではないだろうか。

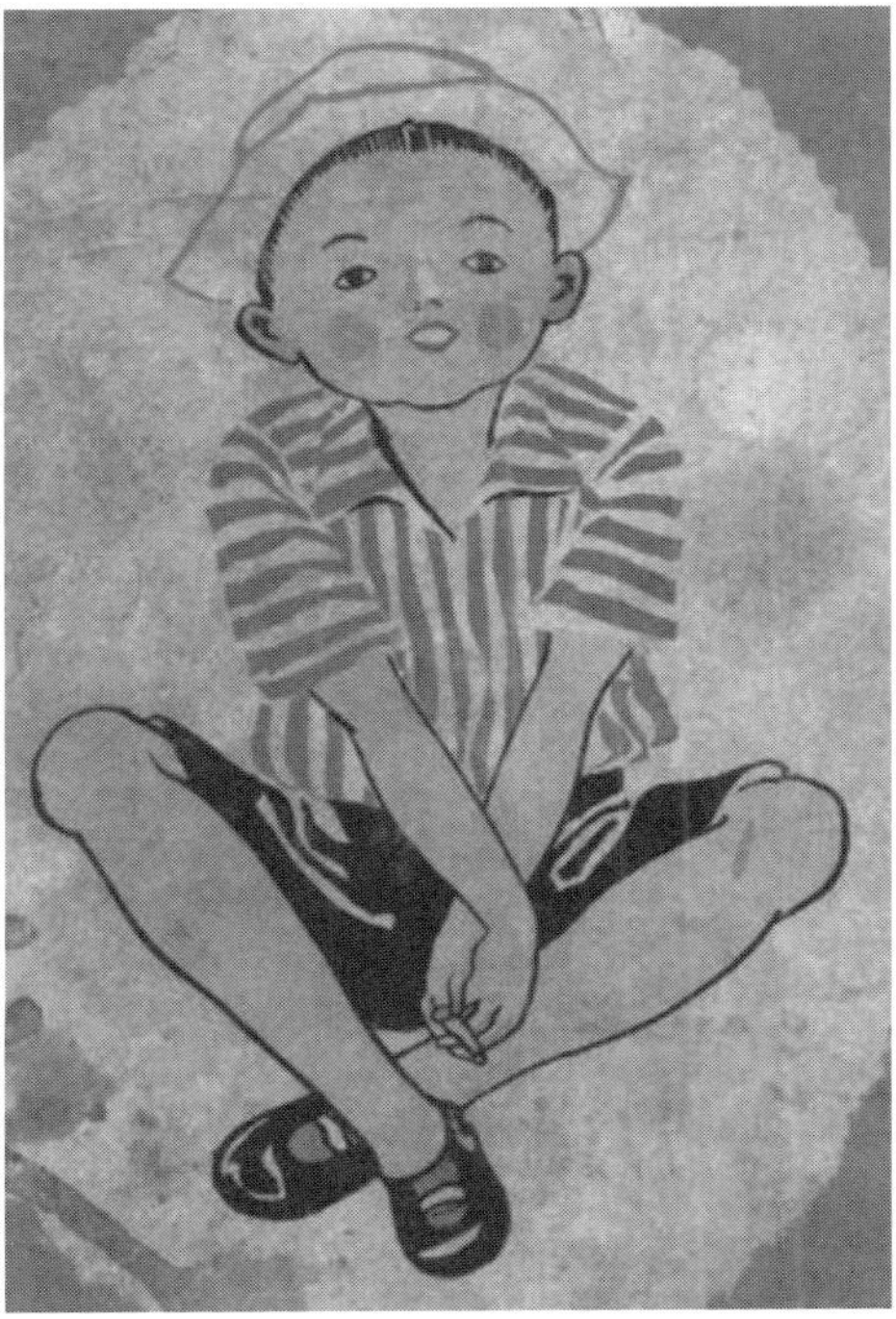

図4　美術構成や背景を担当した黒崎義介の童画
（出典：坪田穣治、黒崎義介絵『カタカナ童話集』金の星社、1939年、表紙から一部抜粋）

おわりに

本章では映像テクスト分析によって、『海の神兵』が映像史で優れた先取性や実験性を有する作品であると同時に、こうした形式が戦時の主題と相関し、いかに国策アニメーションとして形成されたかを検証した。今村太平が一九四二年に「ディズニー漫画の曾ての芸術としての優秀性は、ただちに思想宣伝戦における武器としての優秀性である」[46]と看破したように、人々を魅了する優れた作品は強い宣伝力をもつからこそ、「いかに宣伝されるか」という話法や形式、技術面にいまあらためて注目することは、現代の情報化社会に生きる私たちにとって重要な意義をもつだろう。

『海の神兵』と戦後の日本のアニメーションとの連続性については、肯定する意見もあれば否定する意見もあるが、本章では主に連続性に着目した。連続性についてはこれまでにも、手塚治虫に『海の神兵』が一定の影響を与えたという認識が共有されており、[47]瀬尾から手塚のテレビアニメや実験アニメーションへの継承についてより検討される必要がある。[48]また、影絵のシークエンスを担当した政岡憲三は、二冊のアニメーション制作の教本『漫画映画入門』『政岡憲三動画講義録』を残しているが、それらは虫プロダクションやPプロダクションのようなテレビアニメの製作スタジオで実際に用いられていた。[49]森康二による政岡の技術の戦後への継承も検証されている。[50]こうしたことからも、『海の神兵』の今日のアニメーション文化に与えた影響の重要性はやはり否定できず、『海の神兵』および瀬尾作品への再評価を求める渡辺泰や萩原由加里の主張は傾聴に値する。[51]

もちろん『海の神兵』から戦後へ継承されていない側面もある。例えば、石田美紀は、戦後の日本アニメにおいて、女性の声優が少年の主人公の声を担当する慣習の出発点をアメリカ占領期とみなしている。[52]伊藤大輔は、日本のまんが・アニメの「絵巻物起源説」について、『鳥獣戯画』からまんが・アニメへの連続説と不連続説をともに検討した。[53]『海の神兵』をはじめ戦前・戦中の作品から現代の作品群に至る歴史的な変遷を包括的に検証するには、今後とも連続／不連続の両面を丁寧に精査していく姿勢が求められるだろう。

注

(1) 佐野明子「『桃太郎 海の神兵』論——国策アニメーションの映像実験」「アニメーション研究」第二十巻第一号、

日本アニメーション学会、二〇一九年
（２）大塚康生／高畑勲ほか「「海の神兵」の技術と内容を今どう〝見る〟べきなのか？」「アニメージュ」一九八四年六月号、徳間書店（高畑勲『映画を作りながら考えたこと――1955～1991』所収、徳間書店、一九九一年、二六七―二七三ページ）
（３）「手塚治虫の日記」、姫路文学館編『はりま・シネマの夢――銀幕を彩る映画人たち 特別展図録』所収、姫路文学館、二〇〇五年、一〇ページ
（４）「手塚治虫」、東京新聞社編『私の人生劇場』所収、現代書房、一九六八年、三二九ページ
（５）小原篤「小原篤のアニマゲ丼――「海の神兵」を知っていますか？」「朝日新聞 DIGITAL」二〇一一年五月三十日付（http://www.asahi.com/showbiz/column/animagedon/TKY201105290071.html）［二〇二〇年三月一日アクセス］
　ＤＶＤ『桃太郎 海の神兵』（松竹、二〇一四年）の解説には「戦闘場面よりも叙情性と機知に富む描写が素晴らしい」、一九八四年の再公開時のパンフレットには「叙情性と機知に溢れた作品」と書かれている。八七年に『海の神兵』がテレビ放映されたときに併映された対談でも、「叙情的」「平和的」な描写が対談の冒頭で強調された（瀬尾光世／手塚治虫／萩昌弘『桃太郎 海の神兵』テレビ放映時に併映された対談、ＴＢＳ系、一九八七年二月二十八日）。
（６）大塚英志「「文化映画」としての『桃太郎 海の神兵』――今村太平の批評を手懸りとして」「新現実」第四号、太田出版、二〇〇七年、木村智哉「アニメーション映画『海の神兵』が描いたもの――戦時期国策映画の文脈から」、乾淑子編『戦争のある暮らし』所収、水声社、二〇〇八年、一三一―一五八ページ
（７）前掲、瀬尾光世／手塚治虫／萩昌弘『桃太郎 海の神兵』テレビ放映時に併映された対談。
（８）前掲「「文化映画」としての『桃太郎 海の神兵』」一一六―一一七ページ
（９）瀬尾光世／手塚治虫／森卓也／岡田英美子／杉本五郎／永原達也その他「座談会 幻の日本初の長編アニメーション『桃太郎の海の神兵』を語る」「Film1/24」第三十二号、アニドウ、一九八四年、八三ページ
（10）真名子兵太「南方輸出映画の問題」、新映画社編「新映画」一九四二年七月号、新映画社、七四―七六ページ
（11）前掲「座談会 幻の日本初の長編アニメーション『桃太郎の海の神兵』を語る」八三ページ
（12）このような影絵風の描写は、近年の作品でもみられる（例えばテレビアニメ『魔法少女まどか☆マギカ』〔シャフ

ト、二〇一一年」第七話では、影絵アニメーション風の戦闘シーンがラストに挿入されている)。

(13) 山口且訓/渡辺泰、プラネット編『日本アニメーション映画史』有文社、一九七七年、四二ページ

(14) 笹川慶子「第二次世界大戦とハリウッド・ミュージカル映画——現実逃避かプロパガンダか」「映像学」第六十三巻、日本映像学会、一九九九年

(15) Richard Dyer, "Entertainment and Utopia," in Bill Nichols ed., *Movies and Methods: An Anthology Volume 2*, University of California Press, 1985, pp. 220-232.

(16) Esther Leslie, *Hollywood Flatlands: Animation, Critical Theory and the Avant-Garde*, Verso, 2002, pp. v-vi.

(17) 今村太平『漫画映画論』第一芸文社、一九四一年、Sergei Eisenstein, *Eisenstein on Disney*, edited by Jay Leyda, translated by Alan Y. Upchurch, Methuen, 1988.

(18) 前掲「手塚治虫の日記」一〇ページ

(19) 萱間隆「トーキー黎明期におけるアフレコ」「アニメーション研究」第十八巻第二号、日本アニメーション学会、二〇一七年、四六—四七ページ

(20) Frank Thomas and Ollie Johnston, *The Illusion of Life: Disney Animation*, Hyperion, 1995, pp.293-294.(フランク・トマス/オーリー・ジョンストン『生命を吹き込む魔法』スタジオジブリ訳、徳間書店スタジオジブリ事業本部、二〇〇二年)

(21) 万籟鳴/万古蟾「我々の仕事報告」王蕙林訳、「TOBIO Critiques」#1、太田出版、二〇一五年、一一五ページ(初出:一九四一年)

(22)『海の神兵』の「死」の表象については本書第4章「『桃太郎 海の神兵』における表象のユートピア——虚構のリアリティーならびに〈擬獣化〉の起源」の秦剛論文に詳しい。

(23) 瀬尾は前作の『桃太郎の海鷲』(監督:瀬尾光世、一九四三年)では霞ヶ浦航空隊で二日間、『海の神兵』では海軍落下傘部隊へ一週間ほど体験入隊して、スケッチや資料収集をおこなった(瀬尾光世「『桃太郎の海鷲』制作記録」録音テープ、一九八一年一月十八日収録、『桃太郎 海の神兵』劇場パンフレット、松竹、一九八四年)。

(24) Thomas and Johnston, *op. cit.*, pp. 45.

(25) ジャクリーヌ・ベルント氏との会話での指摘、二〇二〇年一月十六日。
(26) Eisenstein, *op. cit.*, pp. 7-40. なお「原形質性」の魅力は、ジル・ドゥルーズとフェリックス・ガタリによる「逃走線」の概念などにも通底している(清水知子『ディズニーと動物――王国の魔法をとく』〔筑摩選書〕、筑摩書房、二〇二一年、一一ページ)。
(27) 楽之軒生「秋の展覧会を評す(座談)」、東京美術研究所編「画説」一九四二年十一月号、東京美術研究所、七七四ページ
(28) 小松沢甫「持永只仁の足跡――運命をきりひらいたアニメーション作家」「ANIMAIL 歴史部会版」第二号、日本アニメーション協会歴史部会、二〇〇〇年、一一―一二ページ
(29) 前掲『漫画映画論』一〇七―一〇八ページ
(30) 前掲「座談会 幻の日本初の長編アニメーション『桃太郎の海の神兵』を語る」七五ページ
(31) 前掲、瀬尾光世/手塚治虫/萩昌弘『桃太郎 海の神兵』テレビ放映時に併映された対談。
(32) アンドレ・バザン『オーソン・ウェルズ』堀潤之訳、インスクリプト、二〇一五年、七二ページ
(33) 瀬尾は宮本三郎の戦争画を参照したことについて言及していて、実際、宮本の『山下、パーシバル両司令官会見図』(一九四二年)および『海軍落下傘部隊メナド奇襲』(一九四三年)と関連する描写が『海の神兵』に認められる(秋山邦晴、高崎俊夫/朝倉史明編『秋山邦晴の日本映画音楽史を形作る人々 アニメーション映画の系譜――マエストロたちはどのように映画の音をつくってきたのか?』DU BOOKS、二〇二一年、四三九ページ)。なお、『海の神兵』と戦争画の関連については以下に詳しい。Hikari Hori, *Promiscuous Media: Film and Visual Culture in Imperial Japan, 1926-1945*, Cornell University Press, 2017.
(34) 前掲「座談会 幻の日本初の長編アニメーション『桃太郎の海の神兵』を語る」七五ページ
(35) 佐野明子「漫画映画の時代――トーキー移行期から大戦期における日本アニメーション」、加藤幹郎編『映画学的想像力――シネマ・スタディーズの冒険』所収、人文書院、二〇〇六年、一一六―一一七ページ
(36) 同論文一〇二―一〇三ページ
(37) 大塚英志『ミッキーの書式――戦後まんがの戦時下起源』(角川叢書)、角川学芸出版、二〇一三年、三五―三九ペ

ージ。また、エイゼンシュテインは、前景の大きな身体や物体が背景に対比される構図を「前景構図」と名指し、深みと前景との立体的な相互作用が生まれると論じている（セルゲイ・エイゼンシュテイン「立体映画について」『エイゼンシュテイン全集』第六巻、エイゼンシュテイン全集刊行委員会訳、キネマ旬報社、一九八〇年、二三八―二八六ページ）。

（38）ジャクリーヌ・ベルント氏との会話での指摘、二〇二〇年一月十六日。

（39）セルゲイ・エイゼンシュテイン「枠を超えて――モンタージュと日本文化」浦英良訳、岩本憲児編『エイゼンシュテイン解読――論文と作品の一巻全集』所収、フィルムアート社、一九八六年、六六―八五ページ

（40）Thomas LaMarre, *The Anime Machine : A Media Theory of Animation*, University of Minesotta Press, 2009, p.28.（トーマス・ラマール『アニメ・マシーン――グローバル・メディアとしての日本アニメーション』藤木秀朗監訳、大崎晴美訳、名古屋大学出版会、二〇一三年）

（41）なお、ラマールは、戦前から現代に至る日本のアニメーションの歴史のなかに、『海の神兵』を含めて、コンポジティングとスイッチングの視点から論考している。Thomas LaMarre,“ANIME Compositing and Switching: An Intermedial history of Japanese Anime,” in Hideaki Fujiki and Alastair Phillips eds., *The Japanese Cinema Book*, Bloomsbury on behalf of the British Film Institute, 2020.

（42）川口茂雄「〈アグリカルチュラル〉なイマジネーション、〈マテリアル〉のイマジネーション――2010年代深夜アニメにおける肉と金属」、日本アニメーション学会第二十三回大会、オンライン開催、二〇二一年六月二十七日

（43）顔のデザインは、美術構成と背景担当として参加した黒崎義介や林義雄の童画が参照されたと考えられる。瀬尾はこれまで『アリチャン』や『桃太郎の海鷲』の動物キャラクターにディズニーなどアメリカ製アニメーションのデザインを取り入れてきたが、それらに比べると、『海の神兵』の動物キャラクターは日本の人々に近い顔立ちになっている。

（44）Jaqueline Berndt, “Anime in Academia: Representative Object, Media Form, and Japanese Studies,” *Arts*, 7(4), 2018, p. 56.

（45）佐野明子「日本のアニメーションにおける「日本」とは何か」、石毛弓／大島浩英／小林宣之編『日仏アニメーシ

ョンの文化論』(大手前大学比較文化研究叢書)所収、水声社、二〇一七年、一九―四二ページ

(46)今村太平「漫画映画論」『戦争と映画』第一芸文社、一九四二年、一四〇ページ

(47)手塚治虫が『海の神兵』から影響を受けた有名な例に、テレビアニメ『ジャングル大帝』(フジテレビ系、一九六五―六六年)第三話「動物学校」で、「アイウエオの歌」に似た「アイウエオマンボ」を動物たちが歌うシーンがある。また、手塚が「一生に一度、必ずこのようなアニメを創りたいと決心し、漫画家になり、そしてアニメを創り始めた」というエピソードも知られている(『桃太郎 海の神兵』劇場パンフレット、松竹、一九八四年)。

(48)例えば『海の神兵』の静止画やズームの使用は、テレビアニメ『鉄腕アトム』(フジテレビ系、一九六三―六六年)でもみられる。瀬尾が「七十名のスタッフは次々と召集、徴用され、完成時にはわずか二十名ほどに減っていた」(瀬尾光世「四十年目の再会」、尾崎秀樹『夢をつむぐ――大衆児童文化のパイオニア』所収、光村図書出版、一九八六年、二一二ページ)と語るように、『海の神兵』は人手不足のなかで作られた側面があり、ズームや静止画は作業を減らすための省略技法の一種になっていたことや、それが戦後にテレビアニメに継承された可能性もある。

(49)萩原由加里『政岡憲三とその時代――「日本アニメーションの父」の戦前と戦後』青弓社、二〇一五年、二一二ページ

(50)横田正夫「アニメーター森康二の戦中・戦後を繋ぐ仕事」、日本大学文理学部人文科学研究所編「研究紀要」第七十号、日本大学文理学部人文科学研究所、二〇〇五年

(51)渡辺泰「発掘・瀬尾光世の人と仕事――姫路生まれの日本アニメーションの先駆者」「BanCul」第四十七号、姫路市文化国際交流財団、二〇〇三年、一九―二〇ページ、前掲『政岡憲三とその時代』一六一ページ

(52)石田美紀『アニメと声優のメディア史――なぜ女性が少年を演じるのか』青弓社、二〇二〇年

(53)伊藤大輔『鳥獣戯画を読む』名古屋大学出版会、二〇二一年

[謝辞]瀬尾光世氏の資料を提供していただいた渡辺泰氏、『海の神兵』論の口頭発表の場と有益な助言をいただいた大塚英志氏、有益な助言をいただいたジャクリーヌ・ベルント氏および堀ひかり氏に感謝を申し上げます。

第7章　セルロイド上の帝国と冷戦

——韓国初長篇アニメーション『ホンギルドン』における「庶子の美学」

キム・ジュニアン

はじめに

本章では、韓国漫画の先駆者の一人であるキム・ヨンホァン（金龍煥、一九一二—一九八）が『桃太郎 海の神兵』の製作に関わっていたことから、[1]彼の活動を手掛かりにし、韓国初の長篇アニメーション映画『ホンギルドン』（一九六七年）についての検討をおこなう。キム・ヨンホァンは同映画の製作に直接関わっていたわけではないが、第二次世界大戦後の一九四六年に『ホンギルドン』の監督シン・ドンホン（申東憲、一九二七—二〇一七）が、彼のもとで漫画家の経歴をスタートさせたという背景がある。ただしこのようなつながりに光を当てる際、本章が目指すところは、『ホンギルドン』を『桃太郎 海の神兵』の時系列のなかに配置し後者から前者への影響関係を議論するような試みではない。というのも、『桃太郎 海の神兵』が作られた帝国体制および戦争という状況、そして終戦後韓国と日本それぞれでの数年間のアメリカ軍による統治から冷戦体制への移行など、『ホンギルドン』の製作に至るまでの複雑な社会政治的パラメーターのはたらきを想定しなければならないからである。

このような時代の動力学について特に本章は、韓国で一九四五年以降数年間のアメリカ軍政期と、その後アメリカ政府がアメリカ広報文化局（US Information Service。以下、USISと略記）を拠点に七二年まで進めていたプロパガンダ活動に焦点を当てる。一方、日本でも四五年に始まるアメリカ軍占領期が五二年に終わるものの、同じUSISの活動は六〇年代にも続いていて[2]、韓国でも日本でもディズニーのアニメーションを含む数多くの映画を組織的に上映していた。そんななか、キム・ヨンホァンは五九年頃から七二年まで日本に在住しながら、東京所在の在日アメリカ軍極東司令部による韓国向けのプロパガンダ活動に携わっていた[3]。

日韓のこのような状況を検証することは、終戦以降『ホンギルドン』が公開される一九六〇年代後半までの視覚文化をめぐる動力学を両国共通のシンクロニックな問題として捉え直すことを可能にする。そうすることで本章は、『ホンギルドン』が色濃く見せてくれる折衷的様式に対し「庶子の美学」という概念を提出する。この概念は、作中の主人公が置かれている庶子という身分の設定から発想されたものだが、それと同時に作り手としてのシン・ドンホンが帝国―植民地の間の屈折した国際秩序を生きていきながら体現したプロセスの記録として『ホンギルドン』を位置づけるために有効なものである。

それではまず戦前にさかのぼり、キム・ヨンホァンがシン・ドンホン監督に出会うまでの経歴について考察したい。

1　北宏二／キム・ヨンホァン、「少年倶楽部」から『桃太郎　海の神兵』へ

植民地期の朝鮮に生まれたキム・ヨンホァンは、青年時代から東京を拠点に北宏二という名前で「日本少年」（実業之日本社）、「少年倶楽部」（大日本雄弁会講談社）など大手の雑誌に挿絵を発表している。彼は自らの日本人名について、「日本少年」でのデビューをきっかけに使い始めたペンネームと記している[4]。キムの日本人名はそ

のデビューが一九三六年頃だったことからも、四〇年に実施される創氏改名政策の影響とは言い難いが、ただし「日本少年」の編集者からの日本式ペンネーム使用の「要請」があったという指摘[5]は、三〇年代に朝鮮人に対するアイデンティティーへの抑圧が存在していたことを示唆する。

興味深いのは、そういった抑圧とは裏腹に、戦後キムが残している一九三〇年代に関する述懐のなかには名前へのこだわりよりも、青春の絶頂期を過ごしていたかのような肯定的な感想が見受けられることである。というのも、三一年に高校を卒業した後、美術を学ぶために東京に渡ったキムは、三五年頃には帝国美術学校（現・武蔵野美術大学）の第一期生として入学し[6]、在学中に「日本少年」で挿絵作家としてのデビューを果たしたからである。当初、画家の道を目指して苦学しながら都内川端画学校に通っていた彼は、偶然の出会いから画家の横井弘三の指導を受けるようになり、横井が率いる「アンデパンダン展」に出品するなど画家としての活動を開始していた[7]。しかしその後進学した帝国美術学校在学中に挿絵作家として成功し、「北宏二」という名を世に知らしめていく[8]。日本帝国の内地での彼のそういった社会的地位は、戦争末期に『桃太郎 海の神兵』へとつながる。

キムが松竹に入社し『桃太郎 海の神兵』に関わっていく背景には、一九三七年の日中戦争に引き続き三九年に勃発する第二次世界大戦の影響も考えられる。挿絵の多くは、戦争とそれを正当化させる「大東亜共栄圏」というイデオロギー装置を美化するものに変わり、キムも長野邦雄の著書『国防科学図解兵器』[9]など少年向けの軍事教育図書のために挿絵を描くことになる。しかしそれさえも戦争の激化で難しくなり、多くの雑誌が廃刊や縮小を余儀なくされていったのである。仕事を失いつつあったキムは、東京の空襲から逃れて朝鮮に帰ったときのことも見据えたうえで、アニメーションの技術を勉強するつもりで松竹に入社したとされる[10]。実際、彼は松竹で身につけた技術を生かし、終戦直後シン・ドンホンに出会う前の頃、ソウルに漫画映画研究所を立ち上げる。

キム・ヨンホァンが松竹に入社したのがいつだったのかについて確かな記録は見つかっていない。『桃太郎 海の神兵』の瀬尾光世監督の述懐[11]によると、少なくともキムは入社前にアニメーションの経歴が皆無だったことから、製作の途中で合流し、スタッフのなかでは作品完成の最後まで生き残っていた作画担当の一人だったと考えられる。興味深いことに、一九八七年に放送されたTBSテレビ番組『土曜ロードショー特別企画』に出演した手塚治虫が瀬尾との座談会で、『桃太郎 海の神兵』に登場する連合軍の作画を「日本人離れ」とコメントしながら、韓国人のスタッフが担当したことに触れている。その韓国人がキムだった可能性は否めない。『桃太郎 海の神兵』が完成した後、一九四五年五月に、キム・ヨンホァンは講談社の「少年倶楽部」の挿絵作家だったという縁もはたらいたのか、当時朝鮮に対して進められていた同化政策と徴兵制を宣伝するため同社が関わっていた雑誌「錬成の友」(錬成の友社)の職員という身分でソウルに帰る。[12]それから数カ月後の八月に終戦を迎えたキムは漫画家としての活動を開始し、なおかつ、前述した漫画映画研究所も設立する。さらにその翌年、ソウルの路上でアメリカ軍を相手に肖像画を描くアルバイトをしていたシン・ドンホンと出会うことになる。二人の出会いについてシンは、路上で自分が描いたペン画に興味をもったキムから、どの先生に学んだのかと聞かれ北宏二のペン画をまねしながら独学したと答えたところ、キム自身が北宏二本人であることを明らかにし、シンを門下生として受け入れてくれたと語っている。[13]

2　シン・ドンホン、漫画からアニメーションの製作へ

北宏二ことキム・ヨンホァンのもとで本格的な漫画家のキャリアをスタートさせたシンだが、意外なことに、アニメーション製作に関しては先輩がいなかったと述べる。[14]戦中に松竹で働き、戦後にソウルで漫画映画研究所まで立ち上げていた師匠のキムは、なぜアニメーション製作の先輩にはなりえなかったのだろうか。シンによると、セルロイド(以下、セルと略記)が入手できず、キムは結局アニメーションが作れなかったのである。[15]

韓国でのセルという材料をめぐる状況をさかのぼって調べると、シンが『ホンギルドン』を作っていた一九六〇年代半ばにも入手が困難な状況は大きくは変わっていなかったことがわかる。『ホンギルドン』でシンが使っ

たセルは、アメリカ軍基地から処分された、もともとは航空写真撮影用のフィルムを入手し、苛性ソーダの溶液で表面の感光材を除去したうえで再利用したものだった。これは韓国アニメーション史での有名なエピソードでもあるが、ここでのシンの対応はかなりの専門知識に基づいたものともいえる。なぜかというと、セルが写真用のフィルムベースと同じ素材だと彼が理解していたことを示唆するからである。日本のアニメ業界でも、八〇年代までの状況を振り返る片淵須直監督によると、セルは富士フイルム社のフィルムベースを流用したものが使われていたという。[16]

ここで一つの疑問が生じる。それほどセルの入手が難しかった時代だとすれば、シンはどうやってセルアニメーションの手法はもちろんセルの化学的な扱い方まで知りえたのか、という疑問である。しかも、シンは既に一九六〇年からセルアニメーション手法で『眞露焼酎』などのコマーシャルフィルムを作り始めていて、『ホンギルドン』の製作が始まる五年前からセルの知識を習得していたといえる。残念ながらこの疑問に関するシン監督本人からの明確な答えや記録などは、いまのところ見つかっていない。六〇年頃、コマーシャルフィルムの仕事を一緒にしていた彼の弟子によると、シンはジョン・ハラス&ロジャー・マンベルの著書『The Technique of Film Animation』[17]を入手しアニメーションの作り方を研究していたとされる。[18] しかし同書にはセルについての詳細は説明されていない。

一つの可能性としては、USISが韓国の国立映画製作所と連携のうえにおこなっていた映画製作講習会が考えられる。セルを用いた短篇アニメーション『アリとキリギリス』（一九六一年）を作ったジョン・ドビンは、一九五九年のある日、同製作所で開かれたワークショップに製作所のスタッフだった友人のパク・ヨンイル（『アリとキリギリス』の共同監督でもある）と一緒に参加し、セルについて初めて知ったという趣旨のことを述べている。[19] このワークショップは、USISの活動のなかでもアメリカ国務省国際協力局ICA（International Cooperation Administration, US Department of States）が映画製作の全過程を韓国政府の文化広報関係者に教育するため、[20] シラキュース大学から分野別に専門家を派遣して五九年に実施したカリキュラムの一つだったにちがいない。[21]その講習会に参加したジョンは、アメリカからの映画専門家がセル五百枚とセル用絵の具を紹介しながら、アニメーションの作り方を試演したと述懐する。[22]キム・ハンサンの調査によると、前述のカリキュラムのなかでアニメーション部門参加者のリストには、ジョンと一緒にアニメーションを作っていたパク・ヨンイルの名前が含まれている。[23]同製作所のスタッフではなかったジョンは、パクとの友人関係というつながりで例の講習会に参加していたと思われる。そもそも当時の国立映画製作所への出入りやその設備の利用は民間の映画業界にも開放されていたことから、参加経路は様々な推測が可能である。[24]

以上の状況は、シン・ドンホン監督のセルに関する情報入手にも影響していた可能性がある。彼も国立映画製作所や在韓ＵＳＩＳに何らかの人脈をもっていたからである。まず、同製作所で作られた『ネズミを捕ろう』という一九五九年の短篇アニメーションには、シンの師匠のキム・ヨンホァンが創り上げたコジュブという当時の大人気漫画キャラクターが登場している。これは、国立映画製作所側と、キムおよびキムの愛弟子であるシンとの間の相互認知を示唆する。より直接的なつながりの可能性については、シンと在韓ＵＳＩＳとの間で想定できる。師匠の兄弟とも深く交流していたというシンだが、[25]その兄弟の一人であるキム・テホァンは五四年には在韓ＵＳＩＳで撮影と美術を担当していて、[26]その後東映動画での研修から帰国する六三年には同じＵＳＩＳで『私に聞いて（Ask Me）』という短篇アニメーションを発表していた。[27]これらのことからも、シンが彼を通してＵＳＩＳの活動を認知できていた可能性は十分あったといえるだろう。なおシンが『ホンギルドン』の製作の際に数人のスタッフをアメリカ軍基地に行かせて基地内にあったアニメーションスタンドの規格などを調べさせたことも、[28]彼がアメリカ軍側と保っていた一定の関係を示唆する。

解放後から一九七〇年代初めまでの韓国アニメーション（実写映画についてはいうまでもない）を取り巻くアメリカの関与は、前述したような技術的側面を超え、表現や思想の側面にも及んでいて、以降の節では、シン監督の『ホンギルドン』が、そういった歴史的・政治的文脈のなかに置かれながら、どのような視覚的表現や物語を当時の韓国の観客に体験させたのかを考察する。

3 『ホンギルドン』に至るまでの韓国アニメーションの動力学

アニメーション映画『ホンギルドン』のストーリーは、十七世紀の朝鮮王朝時代に発表された小説「洪吉童伝」によるものだが、ストーリーの構成とキャラクターの面でより直接参考にしたのは、シン監督の弟であるシン・ドンウ(一九四六―九四)がアニメーション化の少し前の一九六五年から同じ古典の小説に基づいて少年向け新聞で連載を開始してヒット作になった漫画『風雲児ホンギルドン』(一九六五―六九年)である。確かに原典の小説には存在せず、漫画で新たに想像され加えられたチャドルバウィら脇役のキャラクターたちが、アニメーション映画でも引き継がれて登場している。なお、小説とは違う漫画だからこそ提示できたキャラクターの髪形や衣装など外観的要素が多く生かされている。ストーリーの構成でも、基本的にシン監督は弟の漫画をなぞっている。

しかしアニメーション映画『ホンギルドン』製作のきっかけが原作漫画の人気はがりだったとはかぎらず、シン監督自身が一九六〇年頃からアニメーションで発表し続けて既に話題になっていたコマーシャルフィルムにも注目しなければならない。当時シンが作っていたコマーシャルフィルムのなかでも『眞露焼酎』シリーズは、斬新なデザインでキャラクターの動きを滑らかに音楽に合わせた演出が、いまでも高く評価されている。そのなかでも『眞露焼酎』の「パラダイス編」について、イ・ジウンは、韓国で五七年に公開されたディズニーの『ピーター・パン』(監督:ハミルトン・ラスク/クライド・ジェロニミ/ウィルフレッド・ジャクソン、一九五三年)からの影響が見受けられると指摘し、シン監督は上映館から海外アニメーションのフィルムプリントを入手して一コマずつ研究したという監督本人の述懐を引用する。[29] キャラクターのデザインだけでなく、フル・アニメーション手法によるキャラクターの滑らかなアクションと、それをテンポが速いコマーシャルソングにぴったり合わせた感覚的演出は、当時はもちろん現在の韓国アニメーションでもかなり突出したものといえる。このコマーシャルフィルムの大成功で長篇アニメーションの製作を彼に提案してきたのが、五六年に『白雪姫』（監督：デイヴィッド・ハンド、一九三七年）の公開以来、ディズニーを中心に海外の長篇アニメーションを配給・公開していた世紀商事だった。

植民地期には日本の戦時中国策でハリウッド映画の公開が禁止されていた韓国だったが、[30]『白雪姫』に引き続き、ディズニーの『シンデレラ』（監督：ハミルトン・ラスク／クライド・ジェロニミ／ウィルフレッド・ジャクソン、一九五〇年）と『ピノキオ』（監督：ベン・シャープスティーン／ハミルトン・ラスク、一九四〇年）がそれぞれ一九六二年と六三年に公開され、ディズニー以外にも五七年にはポール・グリモー監督の『やぶにらみの暴君』（一九五二年、フランス）、六〇年にはジョン・ハラス&ジョイ・バチェラー監督の『動物農場』（一九五四年、イギリス）、六一年と六五年にはフライシャー兄弟の『ガリバー旅行記』（一九三九年、アメリカ）と『バッタ君町に行く』（一九四一年、アメリカ）、六三年には藪下泰司／大工原章演出の『少年猿飛佐助』（一九五九年、日本。韓国公開時の題名は『妖術少年〔Magic Boy〕』）が次々と公開される。シン監督自身は戦後初めて観た長篇アニメーションとして五六年公開の『白雪姫』に言及しながら、戦前の植民地期には中国初の長篇アニメーション『鉄扇公主』（監督：万籟鳴／万古蟾、一九四一年）も観ていたと述べる。[31]ただし、その述懐のなかで『桃太郎 海の神兵』への言及はない。シン監督が『鉄扇公主』について監督の名前や上海で作られたことまで詳細に覚えていることから推論すると、日本初の長篇アニメーションは当時の朝鮮では公開されていなかったと見なしてもいいだろう。もちろん戦前の日本で作られた短篇アニメーション、とりわけ『のらくろ』のアニメーションシリーズ（一九三三―三八年）は同時期の韓国でも公開されていたのだが、[32]シン監督が当時観ていた短篇アニメーションとして言及するのは『ポパイ』シリーズくらいで、彼に何らかの刺激を与えたと思われる日本のアニメーションは、どちらかというと、戦後の『少年猿飛佐助』である。六三年にMGM社の配給によって英語字幕付きで日本語のまま韓国の映画館で正式に公開された『少年猿飛佐助』を観た後、シン監督はこの映画を、構想中の『ホンギルド

図1　漫画原作（左）とアニメーション映画（右）、それぞれの『ホンギルドン』のキャラクターデザインの違い
（出典：左＝シン・ドンウ『風雲児ホンギルドン』第1巻、韓国漫画映像振興院、2013年、右＝『ホンギルドン』監督シン・ドンホン、1967年）

ン』のライバルとして意識していたというエピソードが伝えられている。(33)

『ホンギルドン』のキャラクターに戻ると、その描き方、つまりスタイル自体は原作漫画『風雲児ホンギルドン』のそれをほとんど踏襲していないといってもいいほど異なっている(34)（図1）。漫画のほうのキャラクターは、ミッキーマウスのように指が四本で全身が丸みを帯びたスタイル、つまり大塚英志がいうところの「ミッキーの書式」(35)で描かれている。しかしアニメーションのほうは五本の指が設定されていて、脇役のチャドルバウィなど少数のコミックリリーフ以外にはほとんどのキャラクターが丸みを帯びていない比較的実物大に近い身体を有している。瞳の描き方も、原作の漫画ではミッキーマウスのような縦に長い楕円形の「ボタン型」になっているが、アニメーションの『ホンギルドン』ではコミックリリーフのキャラクターではないかぎり、横に細長く白目と黒目、さらに睫毛がいつもはっきりと描き分けられた形になっている。

キャラクターのアクションに焦点を当ててみよう。スクオッシュ・ストレッチ（Squash and Stretch）というキャラクターの身体が衝撃や何らかの力によって極端に押しつぶされ引き伸ばされる、笑いやギャグのために用いられる定番の手法が作中の随所でみられる(36)（図2）。スクオッシュ・ストレッチによる伸縮する身体のフォルムは、外部からのどのような衝撃にもけがをしない死なないキャラク

図2『ホンギルドン』のスクオッシュ・ストレッチ

ター、つまり大塚がアメリカのカートゥーン・アニメーションを観察のうえ提出した「身体性のないキャラクター」の概念を最も際立たせる形式的要素といえる。ミッキーの書式で描かれていないキャラクターさえも画面上で何のためらいもなくゴムの風船のように扱ってみせるシン監督のアニメーション演出は、彼が作中の基盤は韓国の古典小説に求めながらも、そのアニメーション化という実践ではアメリカ（もしくは西洋）的美学を追求していたという結論をもたらす。

シン監督の演出の方向性について興味深いのは、文化的な二項対立（東洋―西洋、前近代―近代）の枠組みに包摂されているというよりも、感覚的に相互対立しがちな複数の要素を混合しナラティブ装置として有効に機能させることである。『ホンギルドン』のそれが作中でみられる顕著な例としては、ディズニーの「シリーシンフォニー」シリーズの一作である短篇『骸骨の踊り（The Skeleton Dance）』（監督：ウォルト・ディズニー、一九二九年）を彷彿とさせるシーンが挙げられる（図3）。シン監督がこの『骸骨の踊り』を当時観ていたかどうかは確認されていない。しかし彼が読んでいたとされる『The Technique of Film Animation』には、『骸骨の踊り』の題名とともにそのスチールイメージが掲載されている（図4）。また、シン監督が相当のクラシック音楽ファンだったという事実も、作中への影響の裏づけになるだろう。彼が聴いていたはずのカミーユ・サン＝サーンスの代表曲『死の舞踏』は、中世から続く西洋美術の一ジャンル「骸骨の踊り」をモチーフにしていて、ディズニーもまたこのジャンルに基づいているからである。

しかし『ホンギルドン』の「骸骨の踊り」のシーンでは、驚くことに、サン＝サーンスの曲どころか韓国の民謡「アリラン」をロック風にアレンジした音楽が流れ、骸骨たちも当時はやっていたツイストのような踊り方を

図3　『ホンギルドン』での「骸骨の踊り」

図4　ディズニーの短篇『骸骨の踊り』（1929年）
（出典：John Halas and Roger Manvell, *The Technique of Film Animation*, The Focal Press, 1959.）

見せる。こういった映像と音楽による混合的・折衷的パフォーマンスは、単にシン・ドンホンという個人の自由な発想の成果と位置づけるべきだろうか。本章が意図しているのは、それを否定することでもなければ、作り手という遂行行為者（agent）にすべてを還元させることでもない。というのも、『ホンギルドン』という作品の興行を狙っての製作から社会的反響に至るまでの現象を理解するにはどちらも足りないからである。次節では、シン監督とその師匠キム・ヨンホァン自らが体現していた激動の時代、そして戦後アメリカ政府が韓国でおこなったプロパガンダ活動の文脈に『ホンギルドン』を結び付けて検討を進める。

4　在韓USISという役者、そして「自由世界」を演じるアニメーション

アメリカ広報文化交流局（United States Information Agency。以下、USIAと略記）を上位組織とし、在韓USISが映画を用いておこなうプロパガンダ活動は、韓国が日本帝国の植民地状態から解放されてまもなくアメリカ陸軍司令部軍政庁の政策とともに始まった[37]。在韓USISは、特に朝鮮戦争が勃発する一九五〇年代になると、韓国を親米・反共産主義国家へと方向づけようとする活動の路線を明確にしながら、ときには当時の韓国政府と対立する事態まで生じさせるなかで、映画の輸入・製作・配給・上映を通して韓国人のアイデンティティー形成に影響力を発揮しようとしていた[38]。その上映プログラムのなかにはディズニーの短篇アニメーションも含まれていたのだが[39]、もともとそれらの短篇の多くは、第二次世界大戦中にナチスドイツが南アメリカに進出してくる事態を恐れ、現地でのプロパガンダ活動に踏み込んだアメリカ大陸間問題調整局（Office of the Coordinator of Inter-American Affairs）のはたらきかけで作られたものである[40]。

韓国（だけでなく日本）での心理戦活動に、第二次世界大戦のために作られた旧作のアニメーションを流用しながら、アメリカ政府は冷戦時代に向けた新作の長篇アニメーション『動物農場』にも着手した。アメリカ中央

情報局CIAによる企画で、海外配給はUSIAが担当したこの映画[41]は、完成後、反共産主義プロパガンダとして世界各地で公開される。[42]前述したとおり韓国での公開も実現した『動物農場』は、新聞紙上で広告が掲載されるだけでなく、そのストーリーを漫画の形式で連載していた。シン監督がその漫画を見逃していた可能性は考えにくい。『動物農場』の監督のジョン・ハラスはシン監督が読んでいた書物の『The Technique of Film Animation』の著者の一人でもあり、同書のなかには『動物農場』のスチールイメージを図版として数カ所に掲載している。

要するに、世界各地での海外アニメーションの配給がアメリカ政府のプロパガンダ活動中に包摂された時期があり、韓国もその対象の一つだったのである。また同時期のアメリカ政府は、『動物農場』という新作だけでなく、韓国の映画市場で次々と実現された旧作のアメリカの長篇アニメーション――既にアメリカ国内では公開が完了していたものだが――の公開に関わっていた可能性も考えられる。その可能性は、一九四〇年代末から五〇年代の韓国の映画配給状況のなかで「アメリカ映画は韓国の映画市場をほぼ占領していた。それをリードしていたのが、アメリカの九大映画社の代表とアメリカ陸軍省、国務省の代表で構成された中央映画配給社の朝鮮事務所である[43]」という指摘からも推論できる。

前述の中央映画配給社というのは、日本では一九四六年から五一年まで民間情報教育局（CIE）の外郭団体として活動していたセントラル・モーション・ピクチャー・エクスチェンジ（CMPE）と知られていて、[44]その期間中にはフライシャー兄弟の『ガリバー旅行記』を、韓国での六一年公開よりも早い四八年に日本で公開している。[45]アメリカ政府は終戦直後、日本と韓国で映画を用いた「再教育」活動をおこなうのだが、[46]その活動の初期の方向性は二国でそれぞれ異なっていた。つまり、日本向けの映画プログラムの意図は、日本人に罪悪感を覚えさせることだったが、韓国向けのそれは、アメリカ軍が悪の日本軍と戦うすばらしい解放者という印象を刷り込むことだった。[47]しかしその試みは、植民地期を経ながら形成されていた韓国人のアイデンティティーに新たな課題をもたらすことにもなった。戦前の日本で立ち上げられた「文化映画」という言葉をそのまま流用していたアメリカ政府の韓国向けの心理戦活動についてキム・ハンサンは、ジョン・ダワーを参照しながら以下のように述べる。

在韓USISによって輸入・制作される文化映画については、しかしながら、自己（the Self）と他者（the Other）との間に複雑な対立状態がもたらされた。輸入されたドキュメンタリーは、アメリカ人の暮らしを文明の理想化されたモデルとして示したが、韓国人がその映画のなかのアメリカ人たちと自分たちを完全に同一視する可能性はほとんどなかった。理想化されたアメリカ人の都市生活を映し出す表象は、むしろエンターテインメント、つまり異国の他者を観るための手段だった。実は、太平洋戦争中に日本のプロパガンダ機関によって作られたアメリカとその連合国の表象は、日本帝国という「純粋な自己」に対立する「鬼畜の他者」だったのである。(48)

こういったアイデンティティーの問題を念頭に置きながら『ホンギルドン』についての議論に戻ると、シン監督が師匠のキム・ヨンホァンに出会う一九四六年八月のエピソードにはあらためて注目すべき点が二つある。一つは、シンがキム本人に出会うまで彼のことを「北宏二」という日本人の名前で認知していたことである。シンが少年時代から尊敬してした北宏二という存在は日本帝国の秩序のもとで成立していたもので、しかし終戦後その人物が突然朝鮮人として彼の前に立ち現れたという事態は、シンにとってある種アイデンティティー感覚の破壊をもたらしたことを示唆する。(49)もう一つは、キム・ヨンホァンに出会う場面で、シンはアメリカ軍を相手に肖像画を描くアルバイトをしていたことは前述したが、それに加えてシンは、アメリカ軍の文化担当者に抜擢されソウル市内のアメリカ軍クラブ専属の画家としても仕事をしていた事実である。(50)こうしてシンが日本の帝国時代に「北宏二」をまねしながら培った画才は、終戦後アメリカを中心とする新しい帝国的力の秩序に組み込まれていくことになったといえる。

国際的な力関係のこのような変容が周縁部を生きる一人の個人に何をもたらしたのかについては、シンの師匠であるキム・ヨンホァンの戦後の足跡からも知ることができる。シンが漫画家としてのデビューを果たした後、キムは一九五九年に再び日本に渡り、在日アメリカ軍極東司令部の作戦局心理戦課が韓国向けに出していた雑誌「自由の友」の挿絵画家として働き始める。[51]その傍ら、六〇年からは日本の講談社が発行する雑誌にも北宏二の名前で作品を発表するものの、日本人名を使わなくなることで、[52]八〇年頃には日本で「北宏二」は行方不明状態になってしまうのである。[53]その後、キムは九五年にアメリカへ移住している。

おわりに

シン・ドンホンと彼の師匠キム・ヨンホァンを取り巻いていた社会政治的状況が、二人と同時代の韓国人たちにも共通していたのはいうまでもない。その韓国の観客が映画館で観たアニメーション映画『ホンギルドン』の要旨を手短に紹介する。主人公は、自分の生まれた家で家系図上の正統性が認められない「庶子」として、父からも兄弟からも自分の存在そのものが否定される。身体的な存続さえも保つことが難しくなったことに気づいたホンギルドンは、映画のなかで「こんな家にはいっときたりともいるべきではない、すぐに発つのだ」という台詞を発する。この決意で、「本物の息子」と「偽物の息子」を差別する既存の秩序を離れた彼が、その秩序に立ち向かい自分の共同体を立ち上げていくという物語は、アニメーション映画『ホンギルドン』に大反響を示した一九六〇年代の韓国社会そのものが体現していた物語（言い換えると、歴史）と重なる。映画のなかでホンギルドンは自分が正統性に欠けている庶子であることを恥ずかしく思わない人物を演じる。その人物は、シン監督が映画のなかで数々の文化的要素を織り交ぜている際の折衷的様式を一つの生き方として演じてみせていて、これこそ本章の冒頭で筆者が提出した「庶子の美学」の本質なのである。

アニメーション映画の最後でホンギルドンは、国家のより上位の権力によって人質にされてしまう両親を救出する。そして父はギルドンを息子として認めて彼に謝罪するという結末が、ある種の願望として描かれている。戦後、このような「庶子」の物語を提示した『ホンギルドン』は、日本帝国の内地を中心に日本人が天皇の「赤子」と位置づけられていた時代の『桃太郎 海の神兵』とはある種の好対照をなす作品といえるだろう。

注

(1) グァク・デウォン「コジュブ キム・ヨンホァン、その人生の軌跡」、パク・ジェドンほか『韓国漫画の先駆者たち』所収、悦話堂、一九九五年、三八ページ

(2) 次の資料を根拠とする。『USIS映画目録――日本語版・英語版・テレビ用映画』米国大使館広報文化局、一九六六年

(3) ブチョン漫画情報センター『コジュブ キム・ヨンホァンの再発見――三八線ブルースから聖雄李舜臣まで』現実文化研究、二〇〇五年、一六五ページ

(4) この日本人名は、当時彼が通っていた帝国美術学校の校長だった北昤吉の名前から発想を得たものである。同書一四七ページを参照。

(5) 前掲「コジュブ キム・ヨンホァン、その人生の軌跡」三六ページ

(6) 前掲『コジュブ キム・ヨンホァンの再発見』一四七ページ

(7) 前掲「コジュブ キム・ヨンホァン、その人生の軌跡」三四―三五ページ

(8) 日本で戦後にも続く北宏二(の名前で知られるキム・ヨンホァン)の名声については、前掲『コジュブ キム・ヨンホァンの再発見』八二ページ、牛田あや美「日本における金龍煥の発見」(紀要委員会編「京都造形芸術大学紀要」第二十二号、京都造形芸術大学、二〇一七年)でも確認できる。

(9) 長野邦雄『国防科学図解兵器』柴山教育出版社、一九四三年

（10）前掲「コジュブキム・ヨンホァン、その人生の軌跡」三八ページ

（11）瀬尾光世「上映にあたって」『桃太郎 海の神兵』劇場パンフレット所収、松竹、一九八四年

（12）前掲「コジュブキム・ヨンホァン、その人生の軌跡」三九―四〇ページ

（13）前掲『コジュブキム・ヨンホァンの再発見』一二六―一二七ページ

（14）シン・ドンホン「監督インタビュー（二〇〇八年収録）」『シン・ドンホン――アニメーションコレクション』ＤＶＤ、韓国映像資料院、二〇一六年

（15）同インタビュー

（16）片渕須直「β運動の岸辺で――第28回 70ミリ・キャデラック映画」「ＷＥＢアニメスタイル」二〇一〇年四月十二日（http://style.fm/as/05_column/katabuchi/katabuchi_028.shtml）［二〇一九年十二月十五日アクセス］

（17）John Halas and Roger Manvell, *The Technique of Film Animation*, The Focal Press, 1959.

（18）シン・ネルソン『アニメーションと僕』サリム、一九九九年、八〇―八一ページ。同書の著者はシン・ドンホン監督の弟子であり、本名はシン・ヌンギュン。

（19）ハン・ユンジョン「最初の短編アニメーション『アリとキリギリス』の主役」「アニメートゥーン」第八十七号、エイコム・プロダクション、二〇一〇年、五九ページ。本記事のなかで、さらにジョン・ドビンは、同映画製作所でセルが導入される前にはガラスを使っていたと述べる。

（20）この組織はアメリカ国際開発庁ＵＳＡＩＤ（US Agency for International Development）の前身である。

（21）Han Sang Kim, "Uneven Screens, Contested Identities: USIS, Cultural Films, and the National Imaginary in South Korea, 1945-1972," PhD Dissertation, Seoul National University, 2013, p. 246.

（22）前掲「最初の短編アニメーション『アリとキリギリス』の主役」五九ページ

（23）Kim, "Uneven Screens, Contested Identities," p. 246.

（24）前掲『アニメーションと僕』八五ページ

（25）前掲『コジュブキム・ヨンホァンの再発見』一二八ページ

（26）前掲「コジュブキム・ヨンホァン、その人生の軌跡」一四七ページ

(27)「〝私に聞いて〟製作を完了」「東亜日報」一九六三年九月二十日付、六面

(28) John A. Lent, "Shin Dong Hun and Korea's 'Miserable' Animation Beginnings," in John A. Lent ed., *Animation in Asia and the Pacific*, Indiana University Press, 2001, p. 102.

(29) イ・ジウン「韓国アニメーションのキャラクターデザインスタイルの変遷史」中央大学校博士論文、二〇一〇年、四四―四五ページ

(30) Kim, "Uneven Screens, Contested Identities," p. 2.

(31) 前掲「監督インタビュー（二〇〇八年収録）」

(32) Joon-Yang Kim, "Critique of the New Historical Landscape of South Korean Animation," *Animation: An Interdisciplinary Journal*, 1(1), 2006, p. 64.

(33) ホ・イヌク『韓国アニメーション映画史』シンハンメディア、二〇〇二年、二三―二四ページ

(34)『ホンギルドン』とその原作の漫画のキャラクターデザインの相違については、前掲「韓国アニメーションのキャラクターデザインスタイルの変遷史」七二ページでも指摘されている。

(35) 大塚英志『ミッキーの書式――戦後まんがの戦時下起源』（角川叢書）、角川学芸出版、二〇一三年

(36) この手法に関しては、前掲「韓国アニメーションのキャラクターデザインスタイルの変遷史」七五ページでも議論されている。

(37) Kim, "Uneven Screens, Contested Identities," p. 1.

(38) Ibid., p. 205.

(39)『美国広報院映画目録1964（USIS Film Catalog 1964）』美国広報院、一九六四年。これらのアニメーションは、在日ＵＳＩＳの映画目録にも同様に含まれていて、詳細は次の在日ＵＳＩＳの映画目録を参照されたい。『ＵＳＩＳ映画目録1953（US Film Catalog for Japan 1953）』米国大使館映画部配給課、一九五三年、『ＵＳＩＳ映画目録1955改訂版』米国大使館映画部配給課、一九五五年、前掲『ＵＳＩＳ映画目録――日本語版・英語版・テレビ用映画』

(40) セバスチャン・ロファ『アニメとプロパガンダ――第二次大戦期の映画と政治』古永真一／中島万紀子／原正人訳、法政大学出版局、二〇一一年、二八八―二九四ページ

(41) Karl Cohen, "The Cartoon That Came in from the Cold," *The Guardian*, Mar. 7, 2003 (https://www.theguardian.com/culture/2003/mar/07/artsfeatures.georgeorwell)［二〇二〇年一月二十五日アクセス］
(42) Tony Shaw, *British Cinema and the Cold War: The State, Propaganda and Consensus*, Tauris Academic Studies, 2006, p. 103.
(43) キム・ミヒョン／ジョン・ジョンホァ／ジャン・ソンホ『韓国映画配給史研究』韓国映画振興委員会、二〇〇三年、一五ページ
(44) 濱口幸一「占領下のアメリカ映画——ＣＭＰＥの6年間・日本で公開され（なかっ）た映画」、岩本憲児編『占領下の映画——解放と検閲』（日本映画史叢書）所収、森話社、二〇〇九年、九四ページ
(45) 同論文一一六ページ
(46) Kim, "Uneven Screens, Contested Identities," p. 4.
(47) Ibid., p. 71. 引用文の和訳は本章の筆者による。
(48) Ibid., pp. 8-9. キム・ハンサンがこの議論のなかで参照するダワーの出典は次のとおりである。John Dower, *War Without Mercy: Race and Power in the Pacific War*, Pantheon Books, 1986, pp. 201-261.
(49) キム・ヨンホァン／北宏二のアイデンティティーをめぐる社会的認知の乖離については、前掲「日本における金龍煥の発見」六二ページでも指摘されている。
(50) 前掲「監督インタビュー（二〇〇八年収録）」
(51) 前掲「日本における金龍煥の発見」六四ページ
(52) 前掲『コジュブ キム・ヨンホァンの再発見』一四三—一四四ページ
(53) 前掲「日本における金龍煥の発見」六〇ページ

［謝辞］本章は、シン・ドンホン監督のインタビュー映像素材のために、韓国映像資料院と同院のオ・ソンジさん、『桃太郎 海の神兵』関連のパンフレットおよびテレビ番組の情報提供で佐野明子先生、在韓ＵＳＩＳの映画目録の情報提供に加え、数多くの質問に答えてくださったキム・ハンサン先生に多大なご協力をいただいた。心から感謝を申し

上げる。なお、本章のベースになっているのは、二〇一四年に東京大学大学院情報学環が角川文化振興財団からの寄付によるメディア・コンテンツ研究寄付講座開設を記念に開催したシンポジウム「メディアミックスの歴史と未来」で発表した筆者の講演である。同シンポジウムの開催関係者のみなさまにも、あらためてお礼を申し上げる。

あとがき

佐野明子／堀 ひかり

共編者の佐野と堀が初めて出会ったのは、二〇一五年の京都の国際日本文化研究センターの大塚英志氏主宰の研究会だった。当時、佐野は大阪、堀はニューヨークにある大学に勤めていた。

出会いから四年後の二〇一九年春、『桃太郎 海の神兵』についての論文集を二人でまとめたいというアイデアをスカイプで話しながら、本書の企画が立ち上がった。よく知られているこの戦時期のアニメーションについて複数の研究者たちと多角的に検証することによって、日本アニメーション史の語り方や方法論、戦時期の文化テクストの分析方法、アジアの他国との関係性、そして、できれば戦後とのつながりを再検討してみたいと思い立った。大塚英志氏、渡辺泰氏、キム・ジュニアン氏、木村智哉氏、秦剛氏がこの企画に賛同してくださったことは望外の喜びである。

その後、佐野、堀、そして執筆者たちとの編集会議は、それぞれが京都、東京、新潟、千葉、北京にいながらにして、オンライン会議システムでお互いの顔を見ながら進めることができた。付言したいのは、オンライン会議の効用が多大だったとはいえ、本書の執筆者は渡辺泰氏を除いてみな、日文研の共同研究会にタイミングは違えども参加していて、そうしたリアルな交流の場があってこそ生まれた企画である。

＊

執筆者のうち渡辺泰氏は、二〇二〇年三月に惜しくもご逝去された。渡辺氏は日本のアニメーション研究を牽引した第一人者として高く評価されていて、その功績は、日本アニメーション学会特別賞（二〇一四年）、文化庁メディア芸術祭功労賞（二〇一五年）、東京アニメアワードフェスティバル功労賞（二〇一八年）として顕彰された。二〇年九月には「渡辺泰先生追悼シンポジウム」が日本アニメーション学会大会で開催され、渡辺氏が製作・研究・教育・アーカイブなど多岐にわたって大きく貢献したことが、鈴木伸一氏や竹内オサム氏ほか登壇者から証言された。さらに、追悼メッセージが学会員から多数寄せられたことも、渡辺氏のご人徳を物語るエピソードとして付記しておきたい。

私（佐野）は渡辺氏と二十年にわたる交流のなかで、渡辺氏の研究活動の重要性を実感してきた。例えば、アニメーション研究が日本ではまだ珍しかった二〇〇七年に、戦時下の日本アニメーションをテーマとする博士論文を執筆できたのは、渡辺氏のご協力があったからである。渡辺氏が〇一年に大阪・プラネットで開講した「世界アニメーション史講座」を私が学生時代に受講して以来、助言や資料をご提供くださり、私にとって渡辺氏は大学院の指導教官と同様の存在だった。

渡辺氏は多くの著作を遺してくださったが、それらは一次資料の仔細な調査に加え、作品に関わる社会情勢を見据えたうえで、映画や絵本、雑誌、漫画など隣接メディアにも広く目配りし、アニメーションを包括的な視野から捉えるものである。このように、今日のアニメーション研究でも要請される方法で渡辺氏が七十年にわたって研究を実践されてきた点はもっと評価されていいだろう。

さらに、渡辺氏は「人の役に立つ研究が大切」としばしば話されていた。渡辺氏の共著『日本アニメーション映画史』（山口且訓／渡辺泰、プラネット編、有文社、一九七七年）の作品目録のようなデータベースの構築が、アニメーション研究を発展させ裾野を広げていくために重要になることを、私も渡辺氏の研究態度を見て学び、一九二八年から四五年のアニメーション関連記事のリスト（本書序章「なぜ、いま、『桃太郎 海の神兵』を再考するのか」〔佐野明子／堀ひかり〕の注（30））を発表した。このような渡辺氏の研究活動の詳細については、以下の論考を参照されたい（佐野明子「戦後日本におけるアニメーションのファン文化の興隆と意義――渡辺泰のディズニー・クラブ関連資料とファン／研究活動を手がかりに」、大塚英志編『運動としての大衆文化』所収、水声社、二〇二一年）。ご逝去の直前まで研究活動を続けられ、ご闘病中にもかかわらずご寄稿くださった渡辺氏に重ねて感謝を申しげるとともに、ご冥福を心からお祈り申し上げる。

そして、堀さんには、本書の企画をお声がけいただいたことにまずお礼を申し上げたい。ニューヨークの大学で活躍していた堀さんはただただ眩しい存在だったが、堀さんとの議論はいつも刺激的で勉強になり、編集作業を通して多くを得られたことをうれしく思っている。また、堀さんは育児の先輩でもあり、私が仕事や育児で壁にぶつかったとき、いつも親身に力を貸してくださった。育児を手伝ってくれる親という育児資源がなく、子どもがイヤイヤ期の盛りにあり、コロナ禍による保育所の休所など数々の困難に直面するなか、出版にまでたどりついたのはひとえに堀さんのサポートのおかげだった。読者諸賢には本書を、女性研究者が連帯して出した研究成果の一例としても捉えていただければ幸いである。

（佐野明子）

＊

拙著『Promiscuous Media: Film and Visual Culture in Imperial Japan, 1926-1945』（『野合するメディア――帝国日本における映画と視覚文化』Cornell University Press、二〇一七年）で、『桃太郎 海の神兵』にも言及し、間メディア性、間テクスト性という観点および文化映画との関係を論点とすることができたのは、大塚英志氏の『ミッキーの書式――戦後まんがの戦時下起源』（〔角川叢書〕、角川学芸出版、二〇一三年）によるところが大きい。これは佐野さんともよく話していたことだが、私たち二人にとって大塚氏の仕事は、「悪しき国策映画」とカテゴリー化されるだけで分析されることがほとんどなかった作品に、アニメーションの論じ方の新鮮かつ重要な指針を与えてくれるものだった。

ちなみに、戦争と「女・こども」というテーマに加えて天皇制を考察しようとしたことで、いささか詰め込みすぎになってしまった拙著は、戦時期に活躍した厚木たか（一九〇七―九八）についての大学院時代の研究から始まった。そして、岩波映画製作所監督だった故・時枝俊江さん（一九二九―二〇一二）の公私にわたる温かな励ましによって続けることができた。

さて、佐野さんと意気投合したのは、お互い子育てをしながら研究してきた経験の共有・共感も大きい。初めて佐野さんにお目にかかったとき、私が大変参考にしてきた論文の筆者だったことで、尊敬する研究者にじかに会えたことがとてもうれしかったのだが、それ以上に、子育て談義で親しみが倍増した。自分にとって研究も子どもも大切だが、実際に綱渡りのような生活であることの共感は大きかった。仕事中に急に保育園から子どもの迎えの依頼がくることもあるし、子どもの用事は待ったなしである。育児のケアの主たる責任者としてフルタイムで働くことは厳しい。

やや古いが「男女共同参画白書」（二〇一五年度）のデータによると大学・大学院の女性教員の比率は二二パーセント程度なので、さらに子育て中となると希少である。だからこそ困難を共有する仲間がいるということは、本当に大切であり、何にも代え難い……というのが、佐野さんとともに編集作業をしながら痛感したことだ。一方は授乳しながら、もう一方では子どもが横でご飯を食べている食卓からズームでおこなった数々の編集会議兼おしゃべり会はすばらしい時間になった。

子育てに限らず、介護や闘病などと向き合うにあたり、時間と体力と経済力と相談しながら、研究を中断せざるをえない状況に直面する人もいる。そうした様々な状況があるなかで、助け合い、支え合い、一つの成果を目指して歩むことができる友を得たことは、非常にありがたいことだと痛感する。本書をお読みになる方もまた良き仲間がいらっしゃることを願う。

（堀　ひかり）

＊

最後に、本書の企画に理解と共感を寄せてくださった青弓社の矢野未知生さんへの心からの感謝を記したい。編集者である矢野さんの助言を請うことができたことは実に幸運だった。佐野と堀が真っ先に出版先としてアプローチしたいと願ったのは、既に戦時期アニメーションについての刊行物を手掛けていた青弓社だった。その願いがかなったことをうれしく思う。

［著者略歴］

渡辺 泰（わたなべ やすし）
1934―2020年
共著に『日本アニメーション映画史』（有文社）、『にっぽんアニメ創生記』（集英社）、『アニメへの変容』（現代書館）、*Japanese Animation*（University Press of Mississippi）、論文に「日本で世界初のアニメーションが公開された可能性についての考察」（「アニメーション研究」第3巻第1号）など

大塚英志（おおつか えいじ）
国際日本文化研究センター教授、まんが原作者
著書に『ミッキーの書式』（角川学芸出版）、『手塚治虫と戦時下メディア理論』（星海社）、『大政翼賛会のメディアミックス』（平凡社）、『「暮し」のファシズム』（筑摩書房）など

秦 剛（しん ごう）
北京外国語大学北京日本学研究センター教授
専攻は日本近現代文学
共著に『サブカルで読むナショナリズム』（青弓社）、『動員のメディアミックス』（思文閣出版）、『東アジアの中の戦後日本』（臨川書店）、『戦時下の映画』（森話社）、論文に「東映動画『白蛇伝』におけるポストコロニアルな想像力」（「Intelligence」第18号）など

木村智哉（きむら ともや）
開志専門職大学アニメ・マンガ学部准教授
専門はアニメーション史、映像産業史
著書に『東映動画史論』（日本評論社）、共著に『映画産業史の転換点』（森話社）、『アニメの社会学』（ナカニシヤ出版）、『アニメ研究入門【応用編】』（現代書館）、*Japanese Animation in Asia*（Routledge）など

キム・ジュニアン（KIM, Joon Yang）
新潟大学経済科学部学際日本学プログラム准教授
専攻はアニメーション研究
著書に『イメージの帝国』（ハンナレ出版社、韓国）、共編著に *Archiving Movements*（新潟大学アニメ・アーカイブ研究センター）、共著論文に「セル画に関する現象学的・高分子化学的研究を目指して」（「アニメーション研究」第21巻第2号）など

［編著者略歴］
佐野明子（さの あきこ）
同志社大学文化情報学部准教授、国際日本文化研究センター客員准教授
専攻は映像文化論
共著に『運動としての大衆文化』（水声社）、『〈キャラクター〉の大衆文化』（KADOKAWA）、*Japanese Animation*（University Press of Mississippi）、論文に「『桃太郎 海の神兵』論」（「アニメーション研究」第20巻第1号）、「高畑勲と今村太平『漫画映画論』」（「ユリイカ」2018年7月臨時増刊号）など

堀 ひかり（ほり ひかり）
東洋大学文学部准教授
専攻はジェンダー論、視覚表象論、映像文化論
著書に *Promiscuous Media*（Cornell University Press）、共著に『動員のメディアミックス』（思文閣出版）、*The Japanese Cinema Book*（Bloomsbury）など

戦争《せんそう》と日本《にほん》アニメ　『桃太郎 海の神兵』とは何だったのか

発行――2022年1月31日　第1刷
定価――2400円＋税
編著者――佐野明子／堀 ひかり
発行者――矢野恵二
発行所――株式会社青弓社
〒162-0801 東京都新宿区山吹町337
電話 03-3268-0381（代）
http://www.seikyusha.co.jp
印刷所――三松堂
製本所――三松堂

ISBN978-4-7872-7442-7　C0074